Zu diesem Buch

Alle Eltern, Erzieherinnen und Lehrer erleben sie: die nervigen Kleinkriege mit Kindern um Nichtiges und Wichtiges. Sie scheinen unvermeidliche Begleiter von Familienalltag und Erziehung zu sein. Aber was ist, wenn sich die Fronten verhärten, wenn Kampfbeziehungen zwischen Kindern und «ihren» Erwachsenen entstehen? Wenn Verweigerung und Aggression das Verhalten bestimmen? An Fallbeispielen zeigen die Autoren, beide praktizierende Psychologen mit reicher Erfahrung auf dem Feld der Kampfbeziehungen, welche psychischen Motive, Verhaltensweisen und Handlungsziele Eltern und Kinder in den Kampf treiben, welche Folgen für beide daraus erwachsen und – vor allem – wie aus Gegnern wieder gleichberechtigte Partner werden.

Die Diplompsychologen Margot Jørgensen und Peter Schreiner leben und arbeiten in Kopenhagen. Seit 1984 sind sie für die Einführung einer neuen Familienberatung in Dänemark verantwortlich.

Margot Jørgensen, Peter Schreiner

Kampfbeziehungen

Wenn Kinder gegen Erwachsene kämpfen:
Erklärungen und Lösungen

Aus dem Dänischen
von Rainer und Christel Kyster

Rowohlt

Redaktion Wolfgang Müller
Umschlaggestaltung Peter Wippermann/Sebastian Raulf
(Foto: Dr. Essbach/Transglobe Agency)

Deutsche Erstausgabe
Veröffentlicht im Rowohlt Taschenbuch Verlag GmbH,
Reinbek bei Hamburg, Juli 1989
Copyright © 1985 by Margot Jørgensen und Peter Schreiner
Zuerst erschienen unter dem Titel «Fighter-relationen.
Børns kamp med voksne» im Hans Reitzels Forlag, Kopenhagen 1985
Alle Rechte vorbehalten
Satz Garamond (Linotron 202)
Gesamtherstellung Clausen & Bosse, Leck
980-ISBN 3 499 18549 0

Inhalt

EINLEITUNG 9

I

Wie stellen sich Kampfbeziehungen dar 17

Wie «das Problem» vom Erwachsenen erlebt wird 22

Wie «das Problem» vom Kind erlebt wird 28

Ein Modell der Beziehungsanalyse 34

Die Verletzlichkeiten des Kindes 40

Das Bedürfnis des Kindes
an gegenseitig anerkennendem Kontakt 41

Das Bedürfnis des Kindes,
mit den eigenen Möglichkeiten zu experimentieren 45

Das Bedürfnis des Kindes nach eigener Bedeutung 47

Die Verletzlichkeiten der Erwachsenen 50

Das Verantwortungsgefühl der Erwachsenen 51

Das Bedürfnis der Erwachsenen nach Anerkennung 53

Wie die Erwachsenen die Bedürfnisse des Kindes auffassen 54

Die Art der Erwachsenen, etwas zu begreifen 55

Die Schuldgefühle der Erwachsenen 57

Das Renommee der Erwachsenen als Erzieher 59

Was die Erwachsenen für normal halten 60

Die Toleranz der Erwachsenen gegenüber
«Notwendigkeiten» 61

Die Normen der Erwachsenen und ihr Ordnungssinn 62

Der Zeitdruck und die Müdigkeit der Erwachsenen 63

**Konsequenzen für
die Persönlichkeitsentwicklung des Kindes** 66

**Konsequenzen für die Beeinflußbarkeit
des Kindes durch pädagogische Maßnahmen** 77

Zur Vernunft bringen 78

Strafe oder die Drohung damit 79

Belohnung 82

**Folgen für
die Persönlichkeitsentwicklung des Erwachsenen** 84

**Der Zusammenhang der Kampfbeziehungen
mit den Lebensumständen** 89

Müdigkeit und Abgehetztsein 90

Schuldgefühle 91

Toleranz für Notwendigkeiten 93

Verständnisweise 94

Verantwortung 95

Die Vorstellung von Normalität 96

Das Renommee als Erzieher 97

Das Bedürfnis nach Anerkennung 98

Die Vorstellung von den Bedürfnissen des Kindes 100

**Die Kampfbeziehung
im Verhältnis zu klinischen Diagnosegruppen** 103

II ——————————————————————————————————

Der Beginn des Änderungsprozesses 105

Wann eine Änderung erforderlich ist 105

Was in den Änderungsprozeß einbezogen werden sollte 106

Der Rahmen des Änderungsprozesses 109

Die Situation der Teilnehmer zu Beginn des
Änderungsprozesses 110

  Die Situation der Eltern / Mütter 110
  Die Situation der Erzieher / Lehrer 112
  Die Situation des Psychologen 113

Der Verlauf der ersten Sitzung 114

**Die neuen Handlungsmöglichkeiten
der Erwachsenen gegenüber dem Kind** 124

Beispiele dafür, wie die Erwachsenen
aus der Kampfbeziehung aussteigen 125

  «Gebrauche, was du schon kannst» 126
  «Glaube selbst an das, was du sagst» 127
  «Halte dich selbst an deine Vereinbarung» 127
  «Bestimme selbst, was du sagst» 128

«Zeige, daß du weißt, was vor sich geht»   129

«Bestimme selbst, womit du dich beschäftigen willst»   129

«Fasse das Problem so auf, wie es dir am besten paßt»   131

«Bestimme selbst deinen Preis»   133

«Versuche selbst das Spiel»   134

**Der Verlauf der zweiten
und der folgenden Sitzungen**   136

«Das Kind hat sich verändert»   136

«Es geht immer noch schlecht»   139

«Wir haben nicht das Richtige gemacht»   140

«Es ließ sich nicht durchführen»   141

**Was mit dem Kind geschieht, wenn der Erwachsene
sich aus der Kampfbeziehung löst**   143

**Die Trennung des Kindes in einer Kampfbeziehung
von seiner unmittelbaren Umgebung**   149

Was mit dem Kind *geschieht*, wenn es außer Haus kommt   150

Was mit den Eltern *geschieht*   152

Was am neuen Ort *geschieht*   153

Die Möglichkeiten, das Kind nach Hause zu geben   155

Vorstadien der Entfernung von zu Hause   156

Ein Wort zum Schluss   157

Einleitung

Mit dem Begriff «Kampfbeziehung» wollen wir eine Art des Zusammenlebens beschreiben, in der ein Kind «den Erwachsenen auf die Hühneraugen tritt», in der es so handelt, daß die Erwachsenen in einer Weise fühlen, denken und handeln, wie sie sonst nicht handeln möchten und worauf sie nicht eingestellt sind.

Die Erwachsenen handeln, um das Kind zum «Aufhören» zu bewegen, aber gerade diese Handlungen veranlassen das Kind dazu, «weiterzumachen». Zwischen Kind und Erwachsenen spielt sich eine Form des Zusammenlebens ein, in der jedes Handeln der einen Partei die andere Partei veranlaßt, in ihren Handlungen fortzufahren. Auf diese Weise können beide Parteien in einen «Teufelskreis» geraten, in eine sich selbst verstärkende Situation.

Wenn in den letzten Jahren auffallend viele Kinder in eine Kampfbeziehung zu ihren Eltern und zu erwachsenen Bezugspersonen geraten sind, dann muß man diese Tatsache im Zusammenhang mit den heute herrschenden Lebensumständen betrachten.

Sollten die Leser im folgenden Episoden wiedererkennen, die sie mit ihrem eigenen Kind erlebt haben, so besteht nicht unbedingt ein Grund zur Beunruhigung. Kampfbeziehungen treten von Zeit zu Zeit in den meisten Beziehungen von Erwachsenen zu Kindern auf, da diese Beziehungsform etwas ist, was jedes aufgeweckte Kind ausprobieren wird.

Erst wenn die Kampfbeziehungen so beherrschend werden sollten, daß kein Platz für andere Formen des Zusammenlebens mehr bleibt, kann dies ernste Konsequenzen für die Persönlichkeitsentwicklung des Kindes haben – auch für die der Erwachsenen.

In der Praxis kann es für die beteiligten Parteien selbst sehr schwer, ja beinahe unmöglich sein, dieser ganz besonderen Beziehung ein Ende zu bereiten. Die Erwachsenen können schließlich einem Kind machtlos gegenüberstehen und es aufgeben, sich mit ihm zu beschäftigen, wenn sie nicht vorher kompetente Unterstützung erhalten haben, um ihr Zusammenleben mit dem Kind zu ändern.

Kinder in Kampfbeziehungen können als sehr bewußte, macht-interessierte, berechnende und geradezu gerissene Individuen auftreten. Viele Erwachsene, die in der Praxis Kinder von dieser Seite kennenlernen, werden an dieser Charakterisierung Anstoß nehmen. Möglicherweise wird die Beschreibung dieser Seiten des Kindes also einige Leser befremden. Kinder haben nach unserer Auffassung unglaublich viele Entwicklungsmöglichkeiten. Wenn wir die oben kurz erwähnten Aspekte hervorheben, dann aus dem Grund, weil sich Kindern in Kampfbeziehungen in besonderem Maße die Gelegenheit bietet, gerade diese Möglichkeiten auf Kosten anderer, zum Beispiel eher spontaner Verhaltensweisen zu entwickeln.

Mit anderen Worten: Kampfbeziehungen und die Entwicklung stärker berechnender Aspekte beim Kind hängen zusammen oder fördern sich gegenseitig.

Unsere Beschäftigung mit diesen kindlichen Verhaltensweisen verfolgt das Ziel, genau diese Aspekte zu ändern, damit Platz für andere Entwicklungsmöglichkeiten geschaffen wird. Eine Voraussetzung für das Gelingen eines Änderungsprozesses ist natürlich, daß man sich intensiv dem widmet, was geändert werden soll.

Wir verstehen dies so: Kinder besitzen wie andere Menschen auch die Fähigkeit, viele unterschiedliche Seiten ihres Charakters zu entwickeln, darunter berechnende und gerissene. Wir meinen also nicht, daß Kinder im allgemeinen «so sind».

Bei der Wahl der veranschaulichenden Beispiele haben wir uns bewußt an allgemeine und alltägliche gehalten. An ihnen lassen sich die prinzipiellen Formen eines Zusammenlebens, die besonders wichtig für das Verständnis von Kampfbeziehungen sind, am besten verdeutlichen. Wir haben dramatische oder ausgefallene Beispiele weggelassen, weil wir nicht abschrecken oder die Aufmerksamkeit von unserem Ziel ablenken wollen. Aus dem gleichen Grund tauchen in den Beispielen vor allem Kinder im Kindergartenalter auf.

Die Handlungen älterer Kinder können oftmals dramatischeren Charakter annehmen, die Erwachsenen können sie deshalb schwieriger verstehen und auf sie reagieren. In diesem Sinne ist es erschreckender, wenn ein kräftiger Sechzehnjähriger seine Mutter schlägt, als wenn ein Fünfjähriger dies tut. Man hat mehr Angst vor der Bedrohung mit einem Klappmesser als mit einem Bauklotz. Die Prinzipien im Zusammenleben, die sich in diesen Beispielen zeigen, sind jedoch die gleichen, und diese Strukturen müssen deswegen auch in gleicher Weise geändert werden.

Wer von unseren Leserinnen und Lesern mit kinderpsychologischer Literatur vertraut ist, dem wird unser Buch ungewohnt vorkommen, da es auf einem anderen als dem üblichen erkenntnistheoretischen Ansatz aufbaut. Die zumeist angewandten Begriffsrahmen und Vorgehensweisen zur Lösung von Problemen bei Kindern halten wir im Hinblick auf die Änderung von Kampfbeziehungen für relativ ungeeignet.

Im Gegensatz zu den meisten psychologischen Schulen / Theorien, die auf einem Ursache-Wirkung-Modell des Verständnisses aufbauen (eine kausal-deterministische Vorstellung), haben wir uns entschlossen, bei diesem Problem von einem Verständnis auszugehen, das bei Erlebnissen und Zusammenhängen ansetzt. Wir benutzen also ein phänomenologisch-systemtheoretisches Modell.

Bei einem Ursache-Wirkung-Modell als Ausgangspunkt interessiert man sich natürlich für die Hintergründe und Ursachen der Probleme. Deshalb mißt man der Sammlung «historischer» Hintergrundsdaten (anamnetischer Daten) große Bedeutung bei. Wählt man einen am Zusammenhang orientierten (systemtheoretischen) Ausgangspunkt, stellt man die Möglichkeit der Änderung in den Mittelpunkt und ist daher in stärkerem Maße an aktuellen Daten und nur in begrenztem Maß an anamnetischen Daten interessiert.

Gegenwärtige Erlebnisse / Erklärungen sind natürlich durch vergangene Erlebnisse geprägt. Aber es sind nicht die vergangenen Erlebnisse als solche, die von Interesse sind – denn an der Vergangenheit läßt sich ja nichts mehr ändern. Dagegen besitzen die gegenwärtigen Erlebnisse / Erklärungen große Bedeutung.

Allgemein kann man also von zwei unterschiedlichen Methoden sprechen, mittels derer man auch Kinder verstehen kann.

Wenn Kampfbeziehungen verändert werden sollen, ist es notwendig, Daten unter verschiedenen Blickwinkeln zu interpretieren und deshalb auch zu sammeln:

Zuerst einmal muß man wissen, was rein faktisch im ganz konkreten Fall zwischen dem betreffenden Kind und den betreffenden Erwachsenen geschehen ist: Also muß man die Situation «von außen» sehen/beschreiben.

Zum zweiten muß man wissen, wie diese Situation von dem betreffenden Erwachsenen erlebt und erklärt wird und wie diese Interpretation das vorliegende und zukünftige Verhalten prägt.

Zum dritten muß man wissen, wie diese Situationen vom Kind interpretiert werden und wie dessen Interpretation gegenwärtige und kommende Handlungen prägen kann.

Situationen werden unterschiedlich aufgefaßt, je nachdem mit wessen Augen sie gesehen werden. Deshalb werden wir im folgenden ständig zwischen der Beschreibung aus diesen drei verschiedenen Blickrichtungen wechseln.

Diese drei Blickwinkel werden deswegen ausgewählt, weil sie sich als bedeutungsvoll erwiesen haben, wenn das Erwachsenen-Kind-Verhältnis geändert werden soll. Hat man andere Ziele, kann man andere Blickwinkel einbeziehen.

Wir halten eine genauere Beschreibung der erkenntnistheoretischen Grundlagen und der methodischen Konsequenzen bei unserem Thema für nicht notwendig. Aus diesem Grund verzichten wir auch auf eine Darstellung des Problems der Kampfbeziehungen in der psychologischen Fachliteratur.

Wir wenden uns vor allem an Eltern, Erzieher, Tagesmütter, Lehrer, Pflegeeltern und andere, die im täglichen Umgang mit Kindern in Kampfbeziehungen Probleme haben und für die es gleichzeitig von grundsätzlicher Bedeutung ist, aus dieser Beziehungsform wieder herauszufinden.

Deshalb haben wir uns der Sprache der Psychologie und der wissenschaftlichen Normen des Faches dort enthalten, wo wir Definitionen, Präzisierungen, Vorbehalte und theoretische Ableitungen einführen mußten, da wir die Erfahrung gemacht haben, daß so etwas eher verwirrend als klärend wirken kann – auf jeden Fall, wenn es sich bei den Lesern um psychologische Laien handelt.

Wir haben statt dessen versucht, mit Bruchstücken aus unterschiedlichen «Wirklichkeiten» Situationsbilder zu skizzieren, um durch sie unsere Erfahrungen und unser Verständnis zu vermitteln.

Wenn wir Bezeichnungen verwenden, die ursprünglich in einen Gedankengang aus dem Ursache-Wirkung-Modell gehören, geschieht dies immer dann, wo die Begriffe in die Alltagssprache Eingang gefunden haben und wenn ein entsprechender systemtheoretischer Begriff für Laien verwirrend wirken könnte.

Wenn wir zum Beispiel eine Formulierung wie «Konsequenzen der…» benutzen, so meinen wir «wirkt in die und die Richtung, abhängig vom Eingreifen anderer Bedingungen». Begriffe wie «Verdrängung», «Negation» und «Projektion» sind psychoanalytische Begriffe, die in die Umgangssprache eingegangen sind, sie werden deshalb hier z. B. an Stelle des Begriffs «selektive Wahrnehmung» verwendet. Auf die gleiche Weise benutzen wir z. B. «Angst»: Das Wort bezeichnet für uns den Erlebnisaspekt eines «Systems in der Krise».

Wir haben unser Buch in zwei Teile gegliedert.

Im *ersten Teil* fragen wir danach, wie sich Kampfbeziehungen im täglichen Leben von außen gesehen darstellen. Wir beschreiben, wie sie in den Augen der Erwachsenen erscheinen – besonders, wie das Kind in einer Kampfbeziehung erlebt wird. Danach betrachten wir, wie das Kind die Situation erleben könnte. Anschließend stellen wir ein Modell für die Analyse der Beziehungen vor.

Im folgenden untersuchen wir näher die Voraussetzungen, unter denen eine Kampfbeziehung entstehen und aufrechterhalten werden kann, und beschreiben die Konsequenzen der Kampfbeziehungen für die Persönlichkeitsentwicklung der Beteiligten.

Die Analyse der Kampfbeziehungen schließt mit einer Darstellung ihres Zusammenhanges mit den Lebensbedingungen in der heutigen Gesellschaft.

Im *zweiten Teil* beschreiben wir Verhältnisse, wie sie zu Beginn des Änderungsprozesses von Bedeutung waren, wie z. B. die Frage, wann eine Änderung der Kampfbeziehung notwendig ist, welche Beziehungen in den Änderungsprozeß einbezogen werden müssen, wie die Situation der Beteiligten zu Beginn des Änderungsprozesses aussieht. Der Änderungsprozeß selbst wird an einem Beispiel entwickelt, an ihm zeigen wir, was dabei zwischen Kind und Erwachsenen geschieht und welchen Einfluß dies auf das Kind hat.

Schließlich werden einige Konsequenzen und Komplikationen beschrieben, die dann entstehen, wenn man versucht, das Kind isoliert von seinem ursprünglichen Milieu «zu behandeln».

Als Psychologen, die über eine Reihe von Jahren beruflich in viele Probleme einbezogen wurden, die in Verbindung mit der kindlichen Entwicklung entstehen können, haben wir reiche Erfahrungen gesammelt. Nach insgesamt ca. 350 «Ausflügen» in die spezielle Problematik, die wir als «Kampfbeziehung» bezeichnet haben, besitzen wir eine Art Landkarte, die richtungweisend für unsere Orientierung geworden ist und unser Verhalten solchen Problemen gegenüber bestimmt.

Diese «Landkarte» möchten wir hier den Interessierten in der Hoffnung vorlegen, daß sie ihnen bei Erfahrungen im Problembereich der Kampfbeziehungen helfen kann.

Wir möchten gern die Gelegenheit nutzen, den vielen Eltern, Pädagogen, Pflegeeltern und Lehrern zu danken, mit denen wir in diesen Jahren als psychologische Fachberater Gelegenheit hatten, zusammenzuarbeiten. Ebenso möchten wir all den vitalen und phantasievollen Kindern danken, die wir durch unsere Arbeit kennengelernt haben. Sie haben uns unter anderem gelehrt, die intellektuelle Entwicklung als kreative Entwicklung – oder als Anpassung des Denkens an Konventionen – zu verstehen. Unser Dank gilt auch der Stiftung «22. Juli 1959» und dem Satens Humanistiske Forskningsrad. Beide haben dazu beigetragen, daß wir uns in einer angespannten Arbeitssituation die Zeit nehmen konnten, unsere Erfahrungen ausführlicher darzustellen.

Schließlich möchten wir Magnus Hölzner danken, er war von entscheidender Bedeutung bei der endgültigen Bearbeitung und der Strukturierung des Manuskriptes. Henning Nielsen und Svend Aage Madsen danken wir für ihre fachlichen Kommentare, ihre ausführlichen und guten Ratschläge, sowie Benthe Dalgaard und Gytha Knudsen für die notwendige Hilfe bei der Korrektur und Reinschrift.

Wie stellen sich Kampfbeziehungen dar?

Kinder in Kampfbeziehungen können außerordentlich unterschiedliche Verhaltensweisen an den Tag legen. Jede einzelne Kampfbeziehung – so hat sich herausgestellt – besitzt ihre eigene und ganz spezielle Ausprägung. Diese Version ist abhängig von den konkret an ihr beteiligten Personen.

Eine dieser Versionen beschreiben wir im folgenden Fall (zum erstenmal dargestellt in: Dansk Psykolog Nyt Nr. 2. 1982, S. 35–36).

In einer Kindertagesstätte vergeht ein Großteil der Zeit damit, daß die *Erzieherinnen* versuchen, Konflikte zu schlichten oder beunruhigende Handlungen zu verhindern, mit denen sich ein bestimmtes Kind gerade befassen will. Charakteristisch ist, daß das Kind niemals das tun will, was die Erzieherin sagt, und sich im großen und ganzen in den meisten Situationen störend bemerkbar macht. Beim Vorlesen ärgert es die anderen Kinder oder macht störende Geräusche. Beim Essen wirft es die Milch um, ferkelt mit dem Essen, poltert mit dem Stuhl, will nicht das haben, was man ihm anbietet, steht auf, wenn es sitzen soll, ist nicht fertig, wenn es fertig sein soll, usw. Bei gemeinsamen Spielen nimmt es das Spielzeug, das die anderen Kinder haben, stört die Aktivitäten der anderen Kinder empfindlich, schlägt sie, kann sich nicht längere Zeit mit einer Sache beschäftigen, ist an neuen Aktivitäten nicht interessiert und hat keine Lust, die schon bekannten mitzumachen. Insgesamt ist das Beisammensein geprägt durch ein rastloses Hin und Her mit einer Erzieherin auf den Fersen. Wenn die Erzieherin eingreift, bekommt das Kind häufig einen Wutanfall, wirft mit Dingen, kippt Stühle und Möbel um, schlägt um sich, tritt, spuckt oder schreit.

Im Grunde genommen wird die Zeit der Erzieherin davon in Anspruch genommen, das Kind zurechtzuweisen und ihm zu erklären, daß es die Handlungen, mit denen es gerade beschäftigt ist, unterlassen soll und daß es endlich mit den Dingen beginnen soll, die es nicht tut. Und die ganze Zeit schaut das Kind weg, oder es versucht von etwas ganz anderem zu sprechen, worauf sich das Gespräch von seiten der Erzieherin darum zu drehen beginnt, daß «das nichts damit zu tun hat, worüber wir sprechen» und «Du sollst mich anschauen, wenn ich mit dir rede». Wenn dies nach einiger Zeit endlich gelingt, fährt sie fort mit: «Hast du das verstanden?» oder «Warum tust du das?» Auf die erste Frage wird schließlich mit «Ja» geantwortet, auf die letztere mit «Weiß nicht» oder «Ich habe ja gar nicht angefangen». Wenn diese Art einzugreifen zu keiner Veränderung im Verhalten des Kindes führt und sich zudem täglich außerordentlich häufig wiederholt, gehen die Erzieherinnen oft etwas ratlos dazu über, das Kind zu schütteln, es festzuhalten, «ein deutliches Wort zu sprechen», schicken es vor die Tür, wo es im übrigen neue beunruhigende Möglichkeiten der Betätigung findet. Wenn auf diese Weise die Eingriffe der Erzieherin immer härter geworden sind, meldet sich oft ihr schlechtes Gewissen. Nun kommt es zu Versöhnungsszenen, in denen die Erzieherin dadurch belastet ist, daß sie so «hart» aufgetreten ist, und sie beteuert dem Kind, daß sie es doch gern hat, wobei das Kind häufig umarmt wird; es folgt der Appell an das Kind, so etwas doch nicht wieder zu tun. Jedes noch so schwache Zeichen von seiten des Kindes, das als Willen zur Zusammenarbeit gedeutet werden kann, wirkt wie eine Erleichterung auf die Erzieherin. Fünf Minuten später kann der ganze Zirkus von vorn beginnen – und dies geschieht täglich mehrmals. Alles in allem hat die Erzieherin genug mit diesem einen Kind zu tun, sie bekommt ein schlechtes Gewissen, weil sie spürt, daß sie die anderen Kinder vernachlässigt.

Zu anderen Zeiten kann dieses Kind der reine «Engel» sein. Das geschieht besonders in Phasen, wenn die Erzieherin viel Zeit hat, z. B. wenn viele Kinder abwesend sind, oder wenn die Situation insgesamt frei von Belastungen ist. Dann kann das Kind sich sehr interessiert und hilfsbereit verhalten. Dieses Wechselspiel bewirkt, daß die Erzieherin sehr auf die Launen des Kindes achtet. Es verwundert nicht, daß die Erzieherin zu dem Schluß kommt, daß dieses Kind einen Kinderpsychologen nötig hat.

Aus der Schilderung wird deutlich, daß das Verhältnis dieses Kindes zu den *anderen Kindern* der Institution häufig problematisch ist. Sie werden geärgert, geschlagen; Spiele werden mutwillig unterbrochen, die Ergebnisse der Spiele und das, was sie bauen, werden zerstört usw. Bei Rollenspielen muß dieses Kind, um kein Spielverderber zu sein, die begehrteste Rolle bekommen – ohne sie meistern zu können. Als Reaktion hierauf verlangen die anderen Kinder Schutz von der Erzieherin und versuchen, sich von dem Kind fernzuhalten. Einzelne beginnen, dessen Verhalten nachzuahmen. Alles in allem ist dieses Kind oft recht isoliert in der Kindergruppe, aber es kann einen oder mehrere Spielkameraden haben oder eventuell einen Beschützer unter den älteren Mädchen, die offensichtlich ohne Konflikte mit diesem Kind auskommen können.

Die Eltern der anderen Kinder klagen häufig darüber, daß ihre eigenen Kinder geschlagen, gehänselt, gebissen werden, daß sie Angst vor dem betreffenden Kind haben und nicht mehr in die Tagesstätte gehen mögen. Man erlebt, wie sich die Eltern zusammentun, die Hinzuziehung eines Kinderpsychologen fordern oder den Ausschluß des Kindes mit der Kampfbeziehung. Sie können damit drohen, das eigene Kind abzumelden, eventuell dies auch wahrmachen. Dieses wirkt als zusätzliche Belastung der Situation.

Wenn man in Gesprächen mit den *Eltern des Kindes* so weit kommt, daß man über häusliche Probleme sprechen kann, ergibt sich das Bild einer Situation, die nicht sehr von der Situation in der Kindertagesstätte abweicht.

Es ist typisch, daß die Mutter so lange wie möglich wartet, bis sie ihr Kind abholt. Während des Abholens will das Kind nicht mit nach Hause, will sich nicht anziehen, will gerade etwas Neues anfangen usw. Die Mutter ist machtlos, und sie achtet sehr darauf, was die Erzieher und die anderen Eltern denken könnten. Entweder muß sie dem Kind etwas versprechen, zum Beispiel Süßigkeiten, damit es mitkommt, oder sie zerrt ein schreiendes und protestierendes Kind mit sich. In der Regel hat sie eingekauft, bevor sie das Kind abholt, weil sie das Kind wegen der heftigen Szenen, die grundsätzlich damit enden, daß das Kind seinen Willen bekommt, nicht mit in die Läden zu nehmen wagt.

Daheim setzen sich die Konflikte fort, sie drehen sich um folgendes: Was gibt es zu essen, wie soll man beim Essen sitzen, was wird im Fernsehen angeschaut, wann soll man ins Bett gehen, ob man ins Badezimmer gehen und die Zähne putzen soll, wie viele Geschichten sollen vorgelesen werden, in welchem Bett darf man schlafen und dergleichen mehr. Am nächsten Morgen beginnt die neue Runde der Uneinigkeiten. Wann muß man aufstehen, was soll man anziehen, wer soll einen anziehen, muß man heute in den Kindergarten gehen, wie darf man nach draußen gehen, welche Spielsachen darf man mitnehmen – im großen und ganzen wird um alles gestritten.

Die Reaktion der Eltern in diesen Konflikten schwankt zwischen Drohungen, Appellen und Angeboten. Sie regen sich sehr auf und werden es leid, ihre Verhaltensweisen werden mit der Zeit von dem Wunsch bestimmt, endlich Ruhe zu haben. Deshalb nimmt man es bei einigen Dingen nicht so genau, die man sonst nicht akzeptieren würde, und ganz allmählich prägt die Grenzziehung der Eltern, was sie für durchsetzbar halten. Endlich hören sie auf, über das Zweckmäßige ihrer Forderungen und Verbote nachzudenken. Wo beide Elternteile und das Kind zusammenleben, können auch beide in das beschriebene Zusammenspiel hineingezogen werden. Die Mutter kann die sanfte Rolle übernehmen, während der Vater vielleicht mit heftigen Reaktionen seine Forderungen und Verbote durchzusetzen versucht. In dieser Konstellation gehen die Eltern häufig auf Abstand zueinander, was ihre Reaktionen auf das Kind betrifft. Daraus ergeben sich einander kompensierende Handlungen der Eltern. In diesem Konflikt erkennt das Kind sehr gut seine eigenen Möglichkeiten. Die Folge einer Kampfbeziehung ist nicht selten die Trennung der Eltern, ein Teil (meist die Mutter) bleibt alleinerziehend zurück.

Gibt es auch noch Geschwister, gleicht die Situation der in der Tagesstätte. Dies ist meist auch der Fall bei Spielkameraden oder mit den Kindern von Bekannten.

Bei den *Großeltern* benimmt sich das Kind häufig anders, entweder weil diese sich ganz nach dem Kind richten, oder weil sie es aufgegeben haben, das Kind erziehen zu wollen. Sie sagen ihm weder «Du mußt» noch «Du darfst nicht»; nicht zuletzt, weil ein «unartiges» Kind der Großmutter leicht das Gefühl vermittelt, sie sei zu alt, um Kinder zu beaufsichtigen.

Die Familie bleibt im übrigen häufig sozial isoliert, denn andere Menschen ertragen die ständigen Konflikte nicht. Außerdem ist es den Eltern peinlich, anderen diese Konflikte zu zeigen.

Alles in allem kann man sagen, die engere Umgebung von Kind und Eltern betrachtet dieses Kind mit der Zeit als eine unüberwindliche Belastung, der sie am liebsten entgehen möchte. Gleichzeitig sind die Eltern und die Erzieher emotional so engagiert und fühlen sich so verantwortlich für das Kind, daß sie keine Lösung akzeptieren können, die zur Folge hat, daß sie sich von dem Kind befreien. Nicht selten geben sie aber doch auf, wenn sie nicht zuvor Hilfe erhalten haben, die den Ablauf der Situationen ändert.

Wie «das Problem» vom Erwachsenen erlebt wird

Wenn man als Erwachsener tagtäglich in Situationen wie die gerade beschriebenen einbezogen ist, dann ist es nicht verwunderlich, wenn man mit der Zeit meint, man habe es mit einem besonderen und problematischen Kind zu tun. Die Erwachsenen werden deshalb häufig versuchen, die Probleme als Ausdruck bestimmter Charakteristika des Kindes zu verstehen.

Eltern, Erzieher, Lehrer sprechen oder verwenden sogar in den schriftlichen Berichten häufig folgende Charakteristika für ein derartiges Kind:

Das Kind ist «aggressiv». Als Begründung dafür wird zum Beispiel angegeben, daß es «mehrmals am Tag die anderen Kinder schlägt», «eine Gefahr für sie darstellt», zum Beispiel sie in den Schwitzkasten nimmt oder mit gefährlichen Gegenständen wild und ungehemmt auf sie einschlägt, und daß sich die anderen Kinder deshalb vor ihm fürchten. Es kann auch sein, daß es beißt, schlägt, tritt oder die Erwachsenen anspuckt. Solche Handlungen sehen die Erwachsenen allgemein als Ausdruck von Aggressivität an.

Charakterisierungen wie «*dominierend*» und «*aggressiv*» werden in der Beurteilung des Kindes an erster Stelle stehen. Die Erwachsenen können hierzu beispielsweise aufgrund von Beobachtungen gelangen wie: Das Kind will beim Spielen immer bestimmen, es nimmt nur dann teil, wenn es eine führende Rolle einnehmen kann, es will jenes Kind sein, das zuerst und am meisten bekommt. Die

Ausdrücke können auch von der Beharrlichkeit herrühren, mit der das Kind seinen Willen oder seine Meinung durchzusetzen versucht oder dem völligen Mangel an Rücksichtnahme auf die Bedürfnisse anderer.

«*Unkonzentriert*», «*rastlos*» und «*hyperaktiv*» werden ebenfalls häufig von den Erwachsenen bei der Beschreibung des Kindes benutzt. Dies kann darauf beruhen, daß das Kind nicht über einen längeren Zeitraum bei der gleichen Beschäftigung bleibt, sondern von Beschäftigung zu Beschäftigung läuft und am liebsten an allem teilnehmen will. Die Charakterisierungen können aber auch darauf zurückgehen, daß sich das Kind motorisch in ständiger Bewegung befindet – zappelt, wippt, auf dem Stuhl herumrutscht usw. oder unaufhörlich von etwas anderem spricht, als von dem, was die Erwachsenen gern hören möchten.

«*Sehr großer, unbefriedigter Kontaktbedarf*»: Das Kind vermag, grob gesagt, die ganze Zeit über die Aufmerksamkeit der Erwachsenen auf sich zu ziehen. Das Kind kann sehr sozial agieren; es kann sehr schön sein, mit ihm zusammenzusein, wenn man ihm besonders viel Zeit widmet. Man kann eventuell auch die Erfahrung gemacht haben, daß es sehr umgänglich ist oder «sich beruhigt», wenn man es auf den Schoß nimmt und mit ihm schmust, oder daß es sich mit großem Interesse auf jede neue Person einläßt, die zu Besuch kommt. So ein Verhalten wird häufig als «*unbefriedigter Kontaktbedarf*» gedeutet.

Das Kind kann beschrieben werden als eines, das «*Kontaktprobleme hat*». Jedesmal, wenn es anderen Kindern näher kommt, «passiert irgend etwas», und die Kinder zerstreiten sich schließlich. Meist bringt es die anderen Kinder zum Weinen, so daß das Spiel aufhört. Die Tatsache, daß es sich immer in der Nähe der anderen Kinder aufhält, die nicht in seiner Nähe sein wollen, daß es mit einem Freund nicht über längere Zeit befreundet sein kann und ähnliches kann auch mit zu der Meinung beitragen, das Kind habe «Kontaktprobleme».

Es ist «*schwer, mit ihm Kontakt aufzunehmen*» oder «*es zu erreichen*». «Wenn man mit ihm sprechen will, schaut es woanders hin», «streitet seine Beteiligung ab an dem, worüber man gerade mit ihm redet» oder «es ist unmöglich, Augenkontakt mit ihm zu bekommen». Die Beobachtung, daß man selten etwas aus diesem Kind darüber herauslocken kann, was es denn zu Hause oder im Kindergarten macht und selten eine realistische Antwort darauf erhält, warum es sich eigentlich auf «so etwas» eingelassen hat, kann ebenfalls einen Erwachsenen dazu bringen, dieses Kind als ein Kind zu sehen, mit dem man «schwer in Kontakt kommt».

«*Angst*» wird in der Beschreibung oft hervorgehoben, wenn das Kind z. B. «nicht allein auf die Toilette gehen will», «in Panik gerät, wenn es einen Hund sieht», «nur an der Hand eines Erwachsenen spazierengehen will», «Angst vor Fremden hat» oder «die Hände schützend vor das Gesicht hält, wenn der Erwachsene die Stimme hebt». Ebenso kann «das häufige Gerede über die gräßlichen Strafen, von denen es fürchtet, der Erwachsene wolle es damit bestrafen» oder über «all die Unfälle, die es sich vorstellt», als Ausdruck der Angst des Kindes gedeutet werden.

Das Kind hat «*sehr heftige und gewalttätige Phantasien*». Das Kind kann oft ziemlich grausame und bluttriefende Geschichten erzählen, sehr dramatische Spiele spielen, in die Tod, Gewalt, Vernichtung eingehen, oder eine Vorliebe für gefährliche Gegenstände an den Tag legen. Ebenso können die Drohungen des Kindes, jemanden totzuschlagen und danach die Leiche zu zerstückeln, jemandem die Augen auszustechen, jemanden vom Turm zu stoßen oder ähnliches, die Erwachsenen dazu bringen, sich Sorgen wegen der Gewalttätigkeit zu machen, die in diesen Geschichten zum Ausdruck kommt.

Es zeigt «*psychotische Züge*». Diese Schlußfolgerung basiert meist auf der Beobachtung, auf welch sonderbare Art und Weise sich das Kind bewegt: Zum Beispiel macht es stereotype Bewegungen mit dem einen Arm, es geht auf den Zehenspitzen oder stößt mit dem Kopf gegen die Wand. Eine derartige Deutung liegt auch nahe, wenn das Kind über einen längeren Zeitraum routinemäßig mit bestimmten Handlungen beschäftigt ist, wie dem Auf- und Abhängen der Handtücher oder dem Hin- und Herschieben eines Stuhls, oder wenn es Geräusche wie eine Waschmaschine macht und ähnliches mehr. Beobachtet man, daß das Kind in Panik gerät, wenn es eine bestimmte Person erblickt oder laute Geräusche hört, wenn ein anderes Kind «seinen» Stuhl besetzt oder es einen Stein verliert, den es immer in der Hand gehalten hat, dann liegt die Annahme «psychotischer Züge» nahe.

Das Kind kann auch als *«unersättlich»* oder *«gierig»* beschrieben werden. Dies wird zum Beispiel an der enormen Menge Süßigkeiten abgelesen, die es konsumiert, an dem riesigen Appetit, den es außerhalb der Essenszeiten an den Tag legt, an der unaufhörlichen Forderung nach neuem Spielzeug und daran, daß es niemals zufrieden ist, wenn man ihm etwas gibt, sondern immer mehr haben will usw.

«Wild» ist ebenfalls eine häufig vorkommende Charakterisierung. Der Grund für diese Bezeichnung können häufig sehr gewalttätige Wutanfälle sein, Situationen, in denen das Kind, ohne sich vorzusehen, «über die Straße rennt», «auf das Dach des Kindergartens steigt» und ähnliches. Das Wort kann zum Beispiel auch auf die ungestüme Intensität hinweisen, mit der es sich in Prügeleien mit anderen Kindern einläßt.

«Von Impulsen getrieben». Diese Charakteristik kann auf die Beobachtung zurückgehen, daß das offensichtlich stille, spielende Kind plötzlich einen Wutanfall bekommt, wenn ihm irgend etwas «gegen den Strich» geht, oder daß es unmöglich ist, «es zu beruhigen», wenn es etwas Bestimmtes will. Die Bezeichnung kann auch von «permanenten Stimmungsschwankungen» herrühren oder von dem sehr schnellen Wechsel zwischen Freudenbekundungen und Wutausbrüchen ohne ersichtlichen Anlaß usw.

«Launenhaft» kann in der Beschreibung eine wichtige Rolle spielen und auf der Beobachtung beruhen, daß «das Kind gerade dann, wenn man es auf dem Schoß hat und es streichelt, ziemlich aggressiv wird und um sich schlägt» oder «mitten in einem Wutanfall plötzlich ankommen und sich brav entschuldigen kann» und dergleichen mehr. Gemeinsam ist diesen Beobachtungen, daß die Erwachsenen nicht wissen, wo sie das Kind einordnen sollen.

Die Auffassung, das Kind sei *«stimmungsabhängig»*, ist naheliegend, wenn es zum Beispiel «für den ganzen Tag entscheidend ist, wie der Morgen daheim in der Familie verlaufen ist», wenn das

Kind «seine guten Tage hat, an denen es keine Probleme gibt» und «seine schlechten Tage, wo alles verkehrt läuft». Man kann auch hören, das Kind habe offensichtlich «zwei Persönlichkeiten». Zu gewissen Zeiten ist es «ganz unmöglich, mit ihm auszukommen». Zu anderen Zeiten ist es «ein unglaublich reizendes und einnehmendes Kind» – letzteres kann es z. B. sein, wenn es im Nebenraum ist oder draußen bei der Wirtschafterin. Es ist auch nicht ungewöhnlich, daß es morgens früh oder gegen Schluß, wenn nur noch wenige Kinder in der Tagesstätte sind, lieb und hilfsbereit ist. Es kann auch außerordentlich geduldig und nett sein, wenn Besuch kommt.

Das Kind kann als *destruktiv* angesehen werden, weil es «die eigenen Produkte und die anderer Kinder zerstört», «schnell das Spielzeug kaputt macht, das es bekommen hat», «die Möbel ansägt», «die Reifen der Fahrräder der anderen Kinder zerschneidet» und überhaupt «alles zerschlägt, was ihm nur in die Finger kommt».

Es ist *verlogen* und *man kann ihm nicht vertrauen*. – «Obgleich es gerade ausdrücklich versprochen hatte, daß es… kann man überhaupt nicht damit rechnen, daß es das auch macht.» – «Fragt man es, wo es das her hat… bekommt man irgendeine Antwort, gar nicht so selten eine völlig unwahrscheinliche.» Ebenso kann es «sehr unglaubhafte Geschichten» erzählen.

Wenn es «Tiere mißhandelt» oder «grinst, wenn anderen etwas mißlingt», «mit äußersten Lustgefühlen haargenau ausmalt, was es mit seinen Feinden anstellen will» oder ähnliches, kann man es als *boshaft* bezeichnen oder ihm *sadistische Neigungen* attestieren.

Es hat eine *niedrige Frustrationsschwelle*: Soll es malen, zerreißt es plötzlich das Papier. Gibt es etwas, was es nicht haben soll, schlägt es ohne Vorwarnung seinen Nachbarn. Sieht es so aus, als verliere es in einem Spiel, werden alle Steine auf dem Spielbrett umgeworfen. Bittet man es, ein Buch anzuschauen, dauert es nicht lange, bis alle Bücher auf dem Boden liegen usw.

Es kann auch als *unglücklich* oder *traurig* bezeichnet werden, weil man es «nur selten lächeln sieht», weil es «immer quengelt» oder «niemals spontane Begeisterung ausdrückt» usw.

Wir haben hier nur einige Beispiele angeführt für die Charakterisierungen, zu denen Erwachsene gelangen, wenn sie tagtäglich mit solchen Kindern umgehen.

Wenn man Teil der Situation ist, kann man nicht gleichzeitig außerhalb stehen und sie von dort überschauen. Man sieht also nur einen Teil der Situation und dann gerade den Teil, der man selbst nicht ist. Hier handelt es sich also um das Kind, das die Erwachsenen sehen und dem sie aus ihrem Blickwinkel Charakterisierungen zuschreiben. Diese Charakteristik ist häufig über Jahre hinweg tagtäglich bestätigt worden. «Sehen Sie selbst, er prügelt sich jedesmal, wenn ich ihm den Rücken kehre.» – «Sehen Sie selbst, er kann sich doch nicht konzentrieren, wenn er nicht bei Laune gehalten wird» und: «Sie wird doch ganz verkrampft und unglücklich, wenn ich mich nicht um sie kümmere.»

Das Verständnis der Erwachsenen für die Persönlichkeit des Kindes ist von entscheidender Bedeutung dafür, wie sie auf die Handlungen des Kindes eingehen. Da sie (natürlich) die problematischen Situationen als Resultat der kindlichen Charakteristik erleben / auffassen, da sie auf das Kind reagieren, als *sei* es aggressiv, destruktiv usw…, vermögen die Erwachsenen die problematischen Situationen nicht in ihrer Gänze zu überblicken, sie sind nicht in der Lage, ihre eigenen Einflußmöglichkeiten auf die Situation wahrzunehmen. Hierin liegt unter anderem ein Grund für die Machtlosigkeit gegenüber Problemen.

Bei weitem nicht alle Kinder, die mit den oben angeführten Merkmalen charakterisiert werden, befinden sich in einer Kampfbeziehung. Aufgrund der Charakteristik des Kindes läßt sich nicht entscheiden, ob es sich um eine Kampfbeziehung oder um ein ganz anderes Problem handelt. (Natürlich kann ein Kind in einer Kampfbeziehung stecken und gleichzeitig noch andere Probleme haben.)

Die Wahrnehmung und die Charakterisierung des Kindes durch den Erwachsenen wirken sich infolgedessen als Hindernis bei der Änderung der Situation aus, sie sind die Ursache dafür, daß die Probleme erhalten bleiben können.

Wie das Problem vom Kind erlebt wird

Wie alle anderen Kinder lernen auch Kinder in Kampfbeziehungen aus ihren Erfahrungen. Wir haben es hier mit Kindern zu tun, die sich an einige ganz spezielle Aspekte ihrer Erfahrungen gebunden haben und gerade diese Aspekte weiterentwickeln und differenzieren.

Wir möchten im folgenden an einigen konkreten Beispielen vor Augen führen, wie bestimmte Situationen durch das Kind erlebt werden können.

Ebenso wie andere Kinder, die mit ihrer Mutter im Supermarkt einkaufen, bleibt das Kind vor dem Regal mit Süßigkeiten stehen und quengelt. Die Mutter will offensichtlich etwas sagen wie zum Beispiel: «Nein, es ist nicht gut, seinen Magen mit so viel Zucker zu füllen, denn wir wollen gleich heim und essen.» – «Da ist zuviel Farbstoff drin, willst du nicht lieber einen Apfel haben, der ist viel gesünder.» – «Ich kann mir das nicht leisten» oder «Du mußt bis nach dem Mittagessen warten, dann gibt es Kuchen». Für das Kind liegt es nun nahe, z. B. in eine enorme Heulerei auszubrechen oder sich wütend auf den Boden zu werfen. Die Umstehenden wundern sich über die Mutter, die ihr Kind nicht besser unter Kontrolle hat, oder darüber, was denn mit dem Kind nicht in Ordnung sein mag. Der Mutter ist die Szene sehr peinlich.

Das Ganze endet oft damit, daß das Kind draußen vor dem Supermarkt mit der Tüte Süßigkeiten steht, die es haben wollte. Gleichzeitig hat das Kind jedoch auch die Erfahrung bestätigt bekommen, «Es wird nein gesagt, wenn man fragt, es kommt eine Erklärung oder ein unsinniges Angebot.» Will man also Süßigkeiten haben, dann darf man die Verweigerung nicht einfach akzeptieren.

Diese Erfahrung kann vertieft und ausgebaut werden, so daß das Kind einen differenzierten Begriff davon bekommt, wozu z. B. die Heulerei «gut sein kann».

Wenn es nach Hause kommt, ist die Mutter häufig damit beschäftigt, schnell das Mittagessen zu machen, aber das Kind hätte es lieber, sie spielte etwas mit ihm. Wieder heult es, aber die Reaktion der Mutter kann zum Beispiel darin bestehen, daß sie sagt: «Warte einen Augenblick, ich muß mich nur schnell um das Essen kümmern.» – «Ich kann jetzt nicht auf dein Gejammer hören. Du mußt dich schon irgendwie allein beschäftigen.» Die Erfahrung des Kindes wird hier die sein, daß eine Heulerei ohne Zuschauer keine große Wirkung auf die Mutter hat. Das Kind geht dann vielleicht hin und beginnt etwas zu tun, was es sonst nicht darf, wenn die Mutter im Zimmer ist. Es spielt z. B. an der Stereoanlage herum, bis die Anlage lustige Geräusche macht. Sofort kommt die Mutter angeschossen (demnach kann das Essenkochen doch warten) und sagt: «Wie oft soll ich es dir denn noch sagen. Was machst du denn jetzt schon wieder? Das darfst du nicht. Das weißt du ganz genau.»

Will man also, daß die Mutter kommt oder daß sie sich dafür interessiert, was man tut, so nützt es offenbar nichts, sie zu rufen, denn sie hat dann gerade zu viel anderes zu tun. Man hat jetzt einen besseren Weg gefunden, um sich ihre Anwesenheit zu sichern.

Man findet also mit der Zeit heraus, daß Geheul im Supermarkt offenbar gut wirkt, zu Hause aber nicht. Da kann man ruhig heulen, wenn man nicht gerade eine Wohnung hat, wo Rücksicht auf die Nachbarn genommen werden muß. Im Lauf der Zeit findet man vielleicht noch etwas anderes heraus: Hat die Mutter Gäste, wirkt das Geheul plötzlich ebenso gut wie im Supermarkt. Man lernt daraus: Wenn andere anwesend sind, wirkt Geheul, ist man allein, wirkt es nicht.

Die Aufmerksamkeit, die man bekommt, wenn man etwas tut, was die Mutter nicht ausstehen kann, läßt sich, so merkt man, ausdehnen, so lange man nur will. Man muß z. B. nur sagen, daß man das nicht getan hat, daß es keine Absicht war oder daß man nicht gewußt hat, daß…, dann beginnt sie vielleicht eine längere Diskussion mit einem. Wenn man woanders hinschaut oder von etwas anderem redet, bringt man sie dazu, daß sie sagt: «Sieh mich endlich an, wenn ich mit dir rede.» Oder «Davon haben wir eben aber nicht gesprochen. Wirst du jetzt zuhören, wenn ich dir etwas sage», und wenn man z. B. fortfährt mit: «Warum brennt denn diese Lampe nicht?» und auf die Antwort auf Mutters «Aber…» sagt: «Wenn du nicht über das reden willst, worüber ich gerne reden will, warum soll ich denn dann über das reden, worüber du reden willst?» Dann wird die Mutter allmählich ganz aufgeregt. Später muß man dann natürlich zusehen, daß man wieder gut Freund wird, und das können dann ganz angenehme Situationen sein, die man auf diese Weise erzeugen kann – man kann dann z. B. «einen Kuß kriegen» oder «auf den Schoß kommen». Unterdessen hat die Mutter ganz vergessen, daß sie doch für das Essen sorgen mußte. Jetzt will sie sich offenbar lieber mit einem selbst beschäftigen.

Sitzt man beim Abendessen und ißt brav sein Essen, dann unterhalten sich Vater und Mutter miteinander. Sitzt man dagegen da und ferkelt mit dem Essen, kippt die Milch um und so was, dann kümmern sich beide die ganze Zeit um *mich* und vergessen praktisch ihre Unterhaltung. Das Gespräch dreht sich dann um mich, und was sie tun können, um mich dazu zu bringen, daß ich… – und sie wenden sich die ganze Zeit an mich.

Wenn man hiernach sagt, man möge das Essen nicht, oder man sei nicht hungrig, dann wird Mutter sehr besorgt und fragt, wie es einem gehe, was denn los sei, und sie versucht vielleicht, dich mit den besten Stücken zu locken. Es kann auch dazu führen, daß sie etwas anderes und wesentlich Besseres aus dem Kühlschrank holt. Und die ganze Zeit folgt sie genau den kleinsten Bewegungen, die man macht. Es gibt folglich keinen Grund, ordentlich zu sitzen und das zu tun, was Mutter will. Tut man das, erhält man ja nicht die Aufmerksamkeit und kann keinen Einfluß auf das Essen nehmen.

Einige Familien haben ihre tägliche Ernährung auf die Lieblingsgerichte der Kinder eingeschränkt und ändern ihren Speiseplan je nachdem, wie das Kind seine Lieblingsgerichte ändert. Diese Möglichkeiten hat ein Dummkopf, der brav dasitzt und ißt, nicht.

Wenn man drüben im Kindergarten die Erzieherin ruft, dann wird sie wahrscheinlich sagen: «Warte einen Moment, ich will dies hier nur noch fertigmachen. Ich bin gleich bei dir.» Wenn man aber statt dessen ein großes Auto nimmt und es dem Nebenmann auf den Kopf knallt, so daß er ein wahnsinniges Geheul anstimmt, dann kommt die Erzieherin sofort. Sie sagt zwar etwas wie: «Was hast du denn nun wieder angestellt. Wie oft soll ich dir sagen, daß...» usw., aber Aufmerksamkeit ist es dennoch. Und will man diese Aufmerksamkeit ausdehnen, braucht man nur zu sagen: «Ich habe nicht angefangen.» – «Ich habe ja gar nicht...» usw. Dann fängt die Erzieherin an, mit einem zu diskutieren. Auf diese Weise kann man die Aufmerksamkeit erlangen, sobald man will und solange man will. Die ist zwar von der Art: «Hör damit auf.» – «Warum hast du das getan?» «Kannst du das nicht sein lassen?» – Aber zum Schluß will die Erzieherin ja wieder freundlich zu einem sein.

Wenn man im Kreis sitzt und reihum etwas sagen, singen oder eine Geschichte anhören soll, dann hat man der Reihe nach Kontakt mit den Erwachsenen, wenn es so ablaufen soll, wie sich die Erzieher das gedacht hatten. Wenn man aber, statt auf seinem Platz zu sitzen, herumrennt, nicht mitmachen will, die anderen Kinder zum Heulen bringt, dann sagen die Erwachsenen die ganze Zeit: «Setz dich hin, Thomas.» – «Laß das sein, Thomas.» – «Hör endlich auf, Thomas, wie oft soll ich dir das noch sagen?» Wenn man also gerne möchte, daß sich die Erzieher dafür interessieren, was man gerade tut, wäre es dumm, das zu tun, was sie sagen, wie all die anderen Schwachköpfe (für die sie sich ja fast gar nicht interessieren). Wenn man das so richtig drauf hat, dann dauert es nicht lange, bis die Erzieherinnen einsehen, daß sie sich neben einen setzen müssen, um irgend etwas mit der Gruppe durchführen zu können.

Man bekommt also einen der begehrtesten Plätze, kann vielleicht sogar auf dem Schoß sitzen und sieht dort die Bilder als erster, wenn man besonders erfolgreich zu stören versteht. Die Erzieherinnen sagen dann: «Wir müssen ihn auf den Schoß nehmen, sonst zerstört er die ganze Situation.» Solche Privilegien werden den «artigen» Kindern nur selten zugestanden.

Das Verhalten des Kindes ist also zielgerichtet und hat mit dem zu tun, was auf seine unmittelbaren, erwachsenen Bezugspersonen wirkt.

Wenn die Erzieherin z. B. gegenüber einem Kind in einer Kampfbeziehung eingreift, ist es üblich, daß sie eine Reihe Schimpfworte zu hören bekommt. Sie kann z. B. hören, sie sei beschissen, ein Fotzweib, habe Scheiße im Kopf und andere anal-genitale Ausdrücke, wenn das Kind merkt, daß auf eine «gepflegte Sprache» Wert gelegt wird. Wird hingegen mehr Wert darauf gelegt, ein gewisses Verständnis für Minderheiten oder andere benachteiligte Gruppen zu schaffen, bekommt die Erzieherin zu wissen, daß sie ein Spasti sei, gehirnamputiert, ein Türkenarsch, eine Fehlfarbe oder andere diagnostische und rassistische Bezeichnungen. Ein Kind in einer Kampfbeziehung lernt allmählich, seine Handlungen so abzustufen, daß sie genau zu den unterschiedlichen Personen in seiner Umgebung passen. Wir haben Kinder erlebt, die unterschiedliche Gruppen von Schimpfwörtern einsetzten, je nachdem, ob sie in der Kindertagesstätte oder zu Hause waren.

Die konkreten Möglichkeiten und Begleitumstände haben einen Einfluß auf die Ausgestaltung der Handlungen des Kindes, sie können durch Übung und Überblick genutzt werden.

Liegt zum Beispiel ein Kindergarten in einer Stadt oder einem Stadtteil mit dichtem Verkehr, kommt es sehr häufig vor, daß Kinder in einer Kampfbeziehung weglaufen, wenn ein Spaziergang gemacht wird. Das geschieht keineswegs zufällig. Es passiert auch nicht, wenn die Kinder im Park angekommen sind und Kriegen oder Verstecken spielen. Es geschieht z. B. dann, wenn die Hälfte der Kinder den Bus bestiegen hat und die andere Hälfte noch nicht. Das wirkt – das Kind hat blitzartig die Aufmerksamkeit eines Erwachsenen auf sich gezogen. Es unterliegt auch nicht dem Zufall, wo sich das Kind zum Beispiel auf den Boden wirft und zu heulen anfängt. So etwas spielt sich selten unmittelbar vor oder nach einem Fußgängerüberweg ab, sondern gerade in der Mitte, unmittelbar bevor die Ampel auf Rot springt. Nicht auf einem stillen Weg im Villenviertel läuft das Kind Amok, es geschieht im Bus oder in der S-Bahn, wo viele Zeugen das Eingreifen der Erzieherin beobachten. In Vorstadtkindergärten läßt sich anderes beobachten. Hier hält man oft Tiere. Die Mißhandlung der Tiere zu vermeiden, liegt den Erzieherinnen in der Regel sehr am Herzen. Es kommt deshalb nicht selten vor, daß hier das Kind mit einem Büschel Kaninchenhaare in der Hand dasitzt. Wenn die Tagesstätte statt dessen mitten in einem Wohngebiet liegt, wo viele Menschen dem, was vor sich geht, folgen können, so ist es nur natürlich, daß Kinder in einer Kampfbeziehung auf dem Dach der Tagesstätte herumturnen. Die Anwohner fühlen sich nicht selten verpflichtet, die Erzieher darauf aufmerksam zu machen.

Selbst wenn das Kind auf diese Weise besondere Aspekte seiner Erfahrungen ausbaut und nuanciert einsetzt, stellen seine erfahrungs- und entwicklungsbedingten Voraussetzungen natürliche Grenzen dessen dar, was es zu leisten in der Lage ist. Jedes Kind kann z. B. schreien, aber es braucht doch wesentlich mehr Erfahrung, einen Erwachsenen totzuargumentieren, und verschiedene Erwachsene gegeneinander auszuspielen, erfordert natürlich Überblick.

Aufgrund des beschriebenen Verhaltens ist es notwendig, genauer zu untersuchen, in welchen konkreten Situationen es zu «problematischen» Handlungen des Kindes kommt, wie und wem gegenüber sie sich abspielen und unter welchen Bedingungen sie ausbleiben. Ohne eine solche Analyse läßt sich nicht feststellen, ob z. B. von einem richtigen Gefühlsausbruch (Affekthandlung) geredet wird, oder ob ein Rollenhandeln in einer Kampfbeziehung (Effekthandlung) vorliegt. Mit anderen Worten: Es geht um die Präzision und Flexibilität von Handlungen im Rahmen einer Situation und in der Beziehung zu bestimmten Erwachsenen, die unter anderem maßgebend dafür sind, ob man es mit einem Kind in einer Kampfbeziehung oder mit einem anderen Problem zu tun hat.

Ein Modell der Beziehungsanalyse

Um die Entwicklung einer Kampfbeziehung zu verstehen, wollen
wir uns einige konkrete Situationen mit Hilfe eines schematischen
Modells der Beziehungsanalyse anschauen.

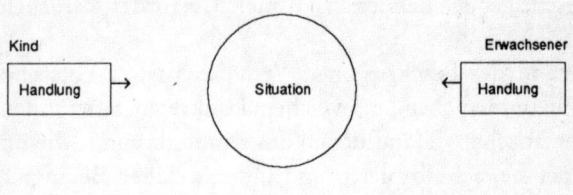

Kind — Handlung → Situation ← Handlung — Erwachsener

Figur 1

Das Modell bildet eine Situation ab, in der ein Erwachsener und
ein Kind in einer Beziehung zueinander stehen.

Die Situation kann sich daheim, in einer Kindertagesstätte, in
einer Schule usw. abspielen. Andere Kinder und Erwachsene können in diese Beziehung einbezogen werden.

Bei der Situation kann es sich um eine wie die oben geschilderte handeln; die Kinder sitzen und spielen in einer Gruppe, und eine Erzieherin geht von einem zum anderen. Plötzlich schlägt ein Kind ein anderes – die Handlung des Kindes. Die Erzieherin eilt hinzu, greift ein und spricht mit dem Kind, stellt das Kind zur Rede, das geschlagen hat – die Handlung des Erwachsenen.

Hier wird in das Modell einbezogen, daß sowohl das Kind als auch der Erwachsene eine Erfahrung miteinander gemacht haben – das Kind, daß der Erzieher kommt und mit ihm redet, wenn es ein anderes Kind schlägt, der Erzieher, daß dieses Kind (Thomas) es fertigbringt, ein Kind zu schlagen.

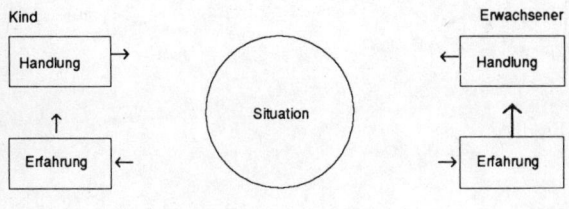

Figur 2

Wir analysieren das Beispiel genauer und beziehen die Erwartungen mit ein.

Thomas schlägt wiederum eines der Kinder, die Erzieherin kommt sofort zu Thomas und redet mit ihm – vielleicht etwas eindringlicher. Sowohl Thomas als auch die Erzieherin machen jeder für sich eine neue, aber offensichtlich entsprechende Erfahrung miteinander. Geschieht so etwas mehrmals täglich und machen sie noch viele derartige Erfahrungen miteinander, dann müssen sie erwarten, dies werde immer und immer wieder passieren. Schließlich bildet sich bei beiden eine feste Erwartung.

Diese Erwartungen werden zum Ausgangspunkt dafür, wie Thomas und die Erzieherin das nächste Mal handeln werden, wenn sie

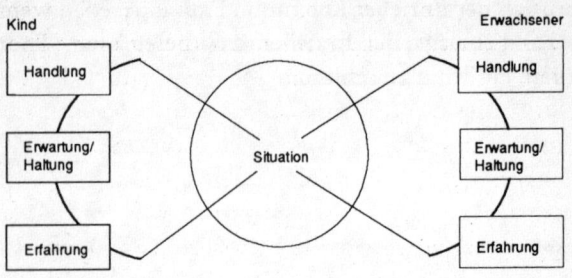

Figur 3

miteinander zu tun bekommen. Jetzt erwartet Thomas, daß die Erzieherin angerannt kommt, wenn er ein anderes Kind schlägt. Die Erzieherin weiß jetzt, daß Thomas andere Kinder schlägt. Er stellt also eine Gefahr für die Sicherheit der anderen Kinder dar, also behält sie ihn am besten im Auge und ist zu einem schnellen Eingreifen bereit – denn jedesmal, wenn sie sich abwendet, «geht es ja schief»; je besser sie ihn im Auge behält, um so mehr hat er das Gefühl (die Erwartung), daß es seine «Gefährlichkeit» ist, die ihn interessant macht. Spielt er dagegen friedlich, beschäftigt sie sich sofort mit etwas anderem.

Thomas und die Erzieherin haben gemeinsam zwei Teufelskreise aufgebaut (komplementäre, sich selbst erfüllende Prophezeiungen):

Je mehr Thomas prügelt, um so stärker kümmert sich die Erzieherin um ihn und tadelt ihn. Je mehr sie tadelt, um so mehr schlägt Thomas usw. usw. Hilft nun ein Kinderpsychologe der Erzieherin bei der Zurechtweisung (Ermahnung) Thomas', dann stellt man in der Regel fest, daß Thomas noch mehr prügelt. Die *Einstellung* der Erwachsenen verdichtet sich schließlich zu dem Urteil, daß er «überhaupt nicht in eine Kindertagesstätte paßt, so aggressiv wie er ist».

Thomas ist jedoch gar nicht aggressiv. Er benutzt nur die anderen Kinder, um die Aufmerksamkeit eines Erwachsenen auf sich zu ziehen – also als Mittel, den Erwachsenen herbeizurufen. (Mehr hierzu in dem Kapitel über die Persönlichkeitsentwicklung des Kindes.)

Eine zweite Situation. Henrik rennt herum, von einem zum anderen, verteilt Klapse oder stolpert über etwas und reißt dabei alles mögliche herunter. Wenn er sich endlich hinsetzt, wippt er mit dem Stuhl oder liegt über dem Tisch. So handelt Henrik in dieser Situation. Eine verantwortungsvolle Erzieherin (wie Gurli) kann dies natürlich nicht sehr lange mit ansehen (und außerdem stört es ja auch die anderen Kinder), also muß sie handeln und wendet sich deshalb an Henrik und fragt, wozu er Lust habe. Dem kann Henrik natürlich nicht widerstehen und deshalb sagt er: «Nichts.» – «Das weiß ich nicht.» – «Das ist doof hier.» – «Ein Eis» oder ähnliches. Gurli beginnt, ihm verschiedene Aktivitäten vorzuschlagen, von denen sie meint, sie müßten für ihn attraktiv sein. Hierunter vermutlich welche, die er gerade sonst in diesem Moment nicht tun dürfte.

Sie will ihn unbedingt «in Gang bringen». Henrik weiß jedoch nicht so recht, ob ihm irgend etwas davon gefällt, und Gurli wirbt für die attraktivste. Schließlich gibt Henrik jedoch «nach» (kurz bevor Gurli aufgeben will) und dies mit einem Unterton, daß er es für sie ja mal versuchen kann. Er sitzt dann eine kurze Zeit bei dieser «Aktivität» und will «interessiert» damit anfangen. Nicht lange darauf jedoch beginnt er wieder herumzulaufen, und Gurli muß sich wieder um ihn kümmern.

Wenn so etwas über einen gewissen Zeitraum mehrmals täglich stattgefunden hat, ist sich Gurli *absolut sicher*, daß sie es mit einem rastlosen, unkonzentrierten und unmotivierten Jungen zu tun hat und sie sich noch mehr ins Zeug legen muß, damit ihm geholfen werden kann. Henrik dagegen ist sich jetzt *ganz sicher*, wie er Gurli dazu bringen kann, all ihre pädagogischen Fähigkeiten ihm zuzuwenden. Auf diese Aufgabe hatte er sich nämlich die ganze Zeit (seit einigen Tagen) konzentriert. Je rastloser, unkonzentrierter und unmotivierter er Gurli erschien, um so mehr investierte sie ihre pädagogischen Talente in ihn usw. usw.

Eine dritte Situation: Anna sitzt ganz steif innerhalb einer kleineren Gruppe Kinder und weint leise vor sich hin, aber so «herzzerreißend», daß man es irgendwie doch im ganzen Raum hören kann (die Handlung des Kindes). Ihre Erzieherin, Gerda, kommt zu ihr und redet beruhigend auf sie ein (die Handlung der Erzieherin). Sofort hört Anna auf zu weinen, sitzt aber immer noch steif da, worauf Gerda sich neben sie setzt und sie in den Arm nimmt. Anna «beruhigt sich» und fängt wieder an, mit Ton zu arbeiten. Sie stellt sehr phantasievolle und handwerklich sehr gelungene Figuren her. Wenn Gerda mit einem anderen Kind der Gruppe spricht, wird Anna jedoch sofort wieder steif und hört auf zu arbeiten oder sie hält schweigend ihre Figur in Gerdas und des anderen Kindes Gesichtsfeld. Nun unterbricht Gerda den Kontakt mit dem anderen Kind und lobt Annas Figur, worauf Anna glücklich wieder mit ihrer Arbeit beginnt, wobei sie Gerda fragt, ob sie findet, der Schwanz solle in die eine oder andere Richtung weisen.

Solche Situationen kommen immer wieder vor, wenn Anna drinnen ist. Ähnliches geschieht, wenn sie einen Spaziergang machen und Anna nicht an Gerdas Hand gehen kann. Aber seltsamerweise – draußen auf dem Spielplatz spielt sie sehr spannende und wilde Rollenspiele, die sie souverän anführt, so daß selbst die größten Jungen sich anstellen, um Ritter sein zu dürfen, die sie, die Prinzessin, befreien.

Deshalb ist sich Gerda *völlig sicher*, daß sie es mit einem Mädchen zu tun hat, das «ungeheure Angst hat, mit anderen Kindern in einem geschlossenen Raum eingesperrt zu sein» und das «ungeheure Angst vor fremden Örtlichkeiten» hat. Es sieht auch so aus, als verhalte sich Anna in einigen Situationen ganz sicher und ohne Angst.

Die drei Beispiele zeigen drei Kinder, die offensichtlich als Kinder mit ganz unterschiedlichen Problemen erlebt werden. Wenn man nur die Handlungen der Kinder betrachtet, ist es fast unmöglich zu erkennen, daß in Wirklichkeit bei allen dreien genau das gleiche geschieht. Dies zeigt sich jedoch in aller Deutlichkeit, wenn man auch die Handlungen der Erwachsenen einbezieht. Das Modell zeigt, wie die Handlungen des Kindes und der Erwachsenen sich gegenseitig beschleunigen, sich geradezu stimulieren.

Dies hat nichts damit zu tun, daß die Erwachsenen, hier die Erzieher, unqualifiziert wären, im Gegenteil, sie arbeiten ernsthaft und engagiert. Hätte das Kind die Probleme gehabt, die die Erzieherin vermutet, wäre ihr Eingreifen vermutlich geeignet gewesen, das Problem des Kindes zu lösen.

Wir hätten ebensogut drei häusliche Situationen als Beispiele wählen können. Wenn wir statt dessen Beispiele aus Kindergärten herangezogen haben, geschah dies, um nachdrücklich darauf hinzuweisen, daß es sich nicht um Probleme handelt, die nur Eltern haben, sondern um Probleme, die auch ausgebildete und überaus kompetente Erzieher haben können.

In den folgenden Kapiteln über die Verletzlichkeit des Kindes und des Erwachsenen wollen wir genauer einige Voraussetzungen untersuchen, die gegeben sein müssen, damit sich eine Kampfbeziehung entwickelt und verfestigt.

Die Verletzlichkeiten des Kindes

Was bringt ein Kind dazu, so zu handeln, wie wir es beschrieben haben?

Kinder haben bekanntlich eine Menge Bedürfnisse in ihrem Verhältnis zu den ihnen nahestehenden Erwachsenen. Sie sind deshalb davon abhängig, in welcher Weise diese Erwachsenen ihre Bedürfnisse befriedigen und welche Möglichkeiten sie ihnen dafür anbieten. Diese Abhängigkeit von den Erwachsenen macht das Kind «verletzlich». Und im Zusammenhang mit dieser Verletzlichkeit kann eine Kampfbeziehung zu einem Kind entstehen und sich auf Dauer einspielen.

Wir werden – etwas gewaltsam vielleicht – einige Bedürfnisse von Kindern aus dem Zusammenhang herausnehmen und sehen, wie sich die Erwachsenen ihnen gegenüber verhalten (können).

Im Verhältnis Kind – Erwachsener gibt es zahllose Situationen, in denen die Bedürfnisse der Erwachsenen mit denen des Kindes nicht unmittelbar harmonieren. Die Mutter mag vielleicht müde sein und braucht Ruhe, um das Essen zu machen, während das Kind gern mit ihr spielen möchte. In einer solchen Situation kann es in der Praxis häufig schwierig sein, eine Form zu finden, die den Bedürfnissen beider Partner so weit als möglich entgegenkommt: eine *Sowohl-als-auch-Lösung* also.

Häufig sieht sich der Erwachsene hier vor die Wahl gestellt zwischen den Bedürfnissen des Kindes und seinen eigenen, unmittelbaren Bedürfnissen: eine *Entweder-oder-Lösung* also.

Das Bedürfnis des Kindes
an gegenseitig anerkennendem Kontakt

Es ist entscheidend für die psychische Entwicklung des Kindes, daß es einen gegenseitigen, anerkennenden Kontakt zwischen sich und den ihm nahestehenden Erwachsenen erlebt.

Wenn es diesen nicht regelmäßig erlebt, muß das Kind notwendigerweise reagieren. Die Kinder, bei denen Kampfbeziehungen entstehen, sind die vitalen Kinder, deren Reaktionen sind deshalb auch vital und anstrengend für die Eltern.

Sieht sich ein Erwachsener konfrontiert mit der Wahl zwischen den unmittelbaren Bedürfnissen des Kindes und den eigenen, kann es in einigen Fällen vorkommen, daß der Erwachsene es vorzieht, *seine eigenen, unmittelbaren Bedürfnisse* wahrzunehmen.

In unserem Beispiel bedeutet dies, daß der Kontaktversuch des Kindes abgewiesen wird, um in Ruhe das Essen vorbereiten zu können. Jetzt kommt von der Seite des Kindes eine intensivierte Forderung, die der Erwachsene eventuell mit weiteren Abwehrversuchen beantwortet, wobei das Ziel immer noch darin besteht, das Kind zur Ruhe zu bringen und selbst auch etwas Ruhe zu finden. Dies geschieht häufig dadurch, daß die Eltern versuchen, die Bitten des Kindes zu übersehen oder zu überhören, dessen Aufmerksamkeit abzulenken, es dazu zu bringen, sich für etwas anderes zu interessieren, indem sie z. B. sagen: «Sieh mal, ist der Teddy nicht süß?» – «Wäre es nicht schön, wenn…?» – «Schau, wie schön die dort unten im Garten spielen!» usw.

Gelingt es nicht, das Kind zu besänftigen oder abzulenken, dann probiert der Erwachsene gewöhnlich aus, mit wie wenig Befriedigung des kindlichen Bedürfnisses er davonkommen kann. Den verstärkten Kontaktversuchen des Kindes ist jetzt ein klein wenig entsprochen worden. Es sieht deswegen die Erfahrung bestätigt, daß es sich bezahlt macht, wenn es auf seinen Bedürfnissen insistiert.

Ein vitales Kind läßt sich nicht so einfach abspeisen; ein Machtkampf darum, wessen Bedürfnisse zu befriedigen sind, kann daher das Resultat sein. Das Kind hat in einem derartigen Machtkampf die Erfahrung gewonnen: entweder *ich* oder *der andere*.

Eine übliche Lösung in Kampfbeziehungen besteht darin, daß der Erwachsene meint, er solle *erst die Bedürfnisse des Kindes befriedigen* und *danach die eigenen*. Die Mutter spielt mit dem Kind in der Hoffnung, es «ausspielen» zu können, damit sie später ihre Ruhe hat. Zu dem Zeitpunkt ist es dann jedoch nicht unwahrscheinlich, daß das Kind ein anderes Bedürfnis hat.

Bei dieser Erst-das-Kind-dann-ich-Lösung erlebt das Kind, daß seine Bedürfnisse die wichtigsten sind und daß das Beisammensein von der Seite des Erwachsenen nicht lustbetont ist. So kommt es vor, daß sich die Erwachsenen auf manche Handlungen einlassen, von denen sie meinen, sie befriedigten das Kind. Es kann sein, daß man das Kind auf den Schoß nimmt, ohne daß man eigentlich zu diesem Zeitpunkt selbst Lust auf diesen Kontakt hat. Daß man – ohne richtig bei der Sache zu sein – eine Geschichte vorliest, des Kindes wegen mit ihm spielt usw. Man kann auch einige noch groteskere Formen erleben, wie z. B. den Vater, der Pferd spielt, während er Zeitung zu lesen versucht oder das Kind, dem fünf Gute-Nacht-Geschichten vorgelesen werden. In dieser Weise stellt sich der Erwachsene als Gegenstand oder als Spielzeug des Kindes zur Verfügung.

Wo das Kind den gegenseitigen, akzeptierenden Kontakt einer Person braucht, die ihm etwas bedeutet, wird ihm statt dessen ein Erwachsener angeboten, der sich seinen (des Kindes) Bedürfnissen scheinbar unterordnet, so daß diesen entsprochen wird, ohne daß der Erwachsene dazu Lust verspürt. Dessen Motivation besteht eher darin, einer Sache zu entgehen, die schlimmer ist, und Ruhe vor dem Kind zu bekommen. Er besänftigt sein Gewissen, statt in einen wechselseitigen Kontakt zu dem Kind zu treten.

In einer Kampfbeziehung ist es üblich, daß der Erwachsene versucht, *die Bedürfnisse des Kindes zu befriedigen, während er/sie ganz von den eigenen unmittelbaren Bedürfnissen abzusehen versucht*. Die Mutter spielt z. B. mit dem Kind, auch wenn sie todmüde ist und gerade jetzt Lust auf etwas ganz anderes hat.

In dieser aufopfernden Konfliktlösung erlebt das Kind gleichzeitig, daß seine Bedürfnisse die wichtigsten sind, die einzigen, die zählen, die des anderen (der Mutter) dagegen gleichgültige Bedürfnisse sind, auf die man nicht Rücksicht zu nehmen braucht. Auch in diesen Fällen bewirkt die Unterdrückung oder das Zurückhalten der eigenen Bedürfnisse des Erwachsenen, daß Lust oder Interesse am Zusammensein ausbleiben, daß es an der Gegenseitigkeit des Kontaktes fehlt. Das Kind erlebt den Erwachsenen als nur halb anwesend und gerät in eine Situation, wo es gleichzeitig zufriedengestellt und frustriert wird. Die gemeinsamen Aktivitäten können auf diese Weise nicht «sättigen». Im Beispiel spielt die Mutter mit dem Kind, so daß seinem Bedürfnis nach Kontakt nachgekommen wird. Weil die Mutter jedoch keine Lust zu dem verspürt, was sie gerade tut, wird das Bedürfnis des Kindes auf Gegenseitigkeit frustriert. Sie machen gemeinsam nichts, an dem sie beide Freude haben. Das Bedürfnis des Kindes nach gegenseitig akzeptiertem Kontakt wird auf diese Weise nicht erfüllt, egal wie lange oder wie oft die Mutter mit dem Kind spielt.

Während der Dauer der Aktivität spielt das Kind einigermaßen willig mit, da es seine Bedürfnisse teilweise befriedigt sieht. Wenn die Aktivitäten beendet oder zu irgendeinem Zeitpunkt abgebrochen werden, steht das Kind jedoch mit einem Bedürfnis da, das – wie sich herausstellt – trotzdem ungestillt geblieben ist (da die Gegenseitigkeit fehlte). Daraufhin taucht der ursprüngliche Konflikt erneut auf. Dies bringt den Erwachsenen zu der Auffassung, er habe es mit einem unvernünftigen Kind zu tun, das unersättlich und gierig ist, mit unstillbaren Bedürfnissen. Eine weitere Frustration der kindlichen Bedürfnisse sowohl nach Gegenseitigkeit wie auch nach Zustimmung ist die Folge.

Passiert es dann, daß der Erwachsene bei den verschiedensten Versuchen, den Konflikt zu lösen, Lust auf Aktivitäten bekommt und damit in einen gegenseitigen Kontakt zum Kind eintritt, erscheint dies dem Kind als Ergebnis seiner eigenen Beharrlichkeit. Das Kind erfährt auch dadurch, daß Pression gegenüber den Erwachsenen das Mittel ist, das in letzter Instanz darüber entscheidet, ob die Erwachsenen seine Bedürfnisse befriedigen. Pression bekommt somit schnell eine selbständige Funktion als Garantie, daß die eigenen Bedürfnisse nach gegenseitigem Kontakt von den Erwachsenen befriedigt werden.

Meistens jedoch geraten die Eltern zu diesem Zeitpunkt – «da man sich ja dem Kind gewidmet hat» – in einen Konflikt zwischen ihren und den Bedürfnissen des Kindes, die beide offenbar unterschiedlich sind. Das Kind dagegen stützt sich auf die Erfahrung, daß es mit seiner Beharrlichkeit anscheinend etwas erreichen kann. Deshalb ist keiner der Partner bereit nachzugeben, und dies kann zu einem ausgeprägten Machtkampf führen, in dem der Teil, der den größten Druck auszuüben vermag, der «Gewinner» der ersten Runde ist.

Ungeachtet, ob das Kind einen solchen Machtkampf gewinnt oder verliert, das Ergebnis wird in Verbindung mit den Machtmitteln gesehen. Darin, daß solche alltäglichen Abläufe immer häufiger und beherrschender werden, kann man vielleicht den Grund vermuten, daß Kinder in Kampfbeziehungen ein so offensichtliches Bedürfnis nach Aufmerksamkeit haben und später, in der weiteren Entwicklung dieser Kampfbeziehung, das Augenmerk auch auf Macht richten werden, die sie als Mittel, aber auch als eigenständiges Ziel betrachten.

Wenn das Kind das «Halb-bei-der-Sache-Sein» des Erwachsenen erlebt, wird es sich zuallererst dessen volle Aufmerksamkeit sichern wollen. Danach ist es wichtig, diese Aufmerksamkeit festzuhalten. Dies geschieht dadurch, daß das Kind durch sein Verhalten den Erwachsenen deutlich macht, daß etwas geschehen wird, was schlimmer ist (Pression), wenn die geforderte Aufmerksamkeit ihm nicht zuteil wird. Das Kind muß sich deshalb darauf konzentrieren, wie und wann die Erwachsenen in diese Drucksituation gebracht werden können. Hierbei entwickeln sich der Spürsinn und das Interesse des Kindes für Mittel, die auf die Verletzlichkeit des Erwachsenen wirken.

Das Bedürfnis des Kindes, mit den eigenen Möglichkeiten zu experimentieren

Ein Kind hat das Bedürfnis, sich als selbständiges Wesen, das etwas will und kann, im Verhältnis zu seiner Umwelt darzustellen. Bei diesem Experimentieren mit seiner Selbständigkeit (Autonomie) und beim Bewußtmachen eigener Wünsche / Bedürfnisse und Kompetenzen, braucht das Kind die Anerkennung der Erwachsenen. Es braucht auch Möglichkeiten, an denen es sich erproben kann, um ein «realistisches» Selbstverständnis zu gewinnen. Außerdem braucht es Erwachsene, die es vor gefährlichen Konsequenzen schützen können, wie zum Beispiel vor der Gefahr, überfahren zu werden, zu stürzen, sich zu schneiden oder ähnlichem.

Die Experimentierlust des Kindes beunruhigt nicht selten die Erwachsenen oder stört sie.

Der Erwachsene kann dann versuchen, die Aktivitäten zu unterbinden und das Kind anzuregen, etwas anderes zu unternehmen, was in der Regel nicht annähernd so interessant ist. So etwas bringt das Kind nicht dazu aufzugeben – im Gegenteil, es muß sich jetzt darauf konzentrieren, dem Eingreifen des Erwachsenen entgegenzuarbeiten. Ein Kind, das z. B. den Einkaufswagen selber schieben will, hält den Wagen dann besonders gut fest, wenn die Mutter es fragt, ob es denn nicht lieber an ihre Hand will. Wenn die Mutter schließlich ihre Überredungsversuche aufgibt, kann sie beim Gedanken an die Stapel von Gläsern und Dosen eventuell versuchen, eine Hand am Einkaufswagen zu haben oder ihn dem Kind ganz zu entwinden. Das Kind wird nun wahrscheinlich versuchen, die Hand der Mutter wegzuschieben, es wird den Wagen noch fester halten und zu heulen beginnen. Wenn es der Mutter gelingt, dem Kind den Wagen zu entwinden, ist ein Wutanfall nicht unwahrscheinlich. Wird dieser zum Anlaß, daß die Mutter die Situation neu bewertet, macht das Kind die Erfahrung, daß sein Experimentieren und seine Autonomiewünsche vom Erwachsenen zwar nicht akzeptiert werden, daß sie aber mit Druck und Beharrlichkeit trotz allem durchzusetzen sind. Außerdem hat das Kind etwas darüber gelernt, wann es und was den Erwachsenen dazu bringen kann, nachzugeben – was gar nicht sein ursprüngliches Ziel gewesen war. Sein ursprüngliches Ziel war es, den Einkaufswagen zu schieben; das Kind war in der Situation statt dessen gezwungen, sich darauf zu konzentrieren, die Mutter so weit zu bringen, daß sie die Hand wegnimmt – also die Mutter zu lenken.

In je mehr unterschiedlichen Situationen ein solcher Ablauf durchgespielt wird, desto differenzierter wird das Verständnis des Kindes dafür, womit und unter welchen Umständen man sich gegen die Erwachsenen durchsetzen kann. Letzteres nimmt allmählich überhand; es wird zu einem selbständigen Interesse, diese Möglichkeiten auszuloten. Allmählich kann so das ursprüngliche Interesse, das eigene Können und die eigenen Möglichkeiten zu erforschen, überschattet werden.

Wenn die Experimentierlust des Kindes den Erwachsenen beunruhigt oder ihn stört, kann er auch damit reagieren, daß er beim erstenmal das ungewünschte Verhalten zu übersehen versucht. Wenn das Kind sich z. B. selbst Milch einschenken will, kann der Erwachsene versuchen, sich damit abzufinden, daß das Kind danebengießt, planscht und mit dem Verschütteten herumspielt. Erst wenn die Schwelle des Erwachsenen überschritten ist und er sich nicht länger beherrschen kann, greift der Erwachsene nachdrücklicher ein, eventuell nachdem er es schon vorsichtig und ohne Erfolg versucht hat.

Hier macht das Kind die Erfahrung, daß seine Experimentierlust nicht akzeptiert wird; außerdem lernt es zu überhören, was der Erwachsene sagt, und schließlich, daß Experimentieren mit Ausbrüchen verbunden ist, entweder in Form heftiger Reaktionen des Erwachsenen oder in Form erschreckender Folgen dadurch, daß der Erwachsene das Kind von wirklich gefährlichen Aktivitäten nicht hat abhalten können. Das Kind kann auf diese Weise allmählich eine scheinbare Immunität gegen Gewalt und Schmerz entwickeln.

Außerdem wird dem Kind klar, daß das Experiment einer der besten Wege ist, sich auf Dauer die Aufmerksamkeit der Erwachsenen zu sichern – auch die von «halb abwesenden» Erwachsenen. Darüber hinaus können die Kinder hierdurch ein sehr feines Verständnis dafür entwickeln, was und welche Bereiche am schnellsten gegenüber dem betreffenden Erwachsenen funktionieren.

Das Bedürfnis des Kindes nach eigener Bedeutung

Aus der Tatsache, daß sich ein Kind als selbständiges, von den ihm nahestehenden Erwachsenen getrenntes Wesen begreift, ergibt sich, daß es einen sinnvollen Zusammenhang braucht, in dem es selbst eine funktionale Bedeutung für die Menschen hat, mit denen es verbunden ist.

Ein sinnvoller Zusammenhang oder eine funktionale Bedeutung kann z. B. darin bestehen, daß es eine Rolle (in der Familie) ausfüllt, eine Aufgabe wahrnimmt oder etwas tut, auf das die Gesamtheit oder Gemeinschaft Wert legt und das sie schwerlich entbehren kann. Also gebraucht zu werden, im Gegensatz zu überflüssig sein. Wenn das Kind eine (funktionale) Bedeutung hat, verstärkt diese Sicherheit sein Zusammengehörigkeitsgefühl und sichert das Kind gleichzeitig gegen den Bruch dieser Zusammengehörigkeit ab. Dieses Bedürfnis nach Bedeutung zeigt sich darin, daß das Kind wie besessen davon ist, eine Rolle in der Familie zu übernehmen, großes Interesse für die häuslichen Arbeitsbereiche zeigt und sehr gerne etwas darüber hört oder auf andere Weise bestätigt bekommt, wie unersetzlich es ist, z. B. wenn ihm gesagt wird: «Wie gut es war, daß du...» – «Wie unglücklich Mutter wäre, hätte sie dich nicht, um...»

In den heutigen Familien sieht es so aus, als wäre es schwierig für die Kinder, sich als nützlich oder unersetzlich zu begreifen. Kinder haben statt dessen einen ganz anderen Wert für die Eltern. Das Kind wird zu jenem Moment, der die Existenz der Eltern notwendig macht.

Statt durch das Gefühl, gebraucht zu werden, muß sich das Kind seinen Wert auf anderen Wegen bestätigen: durch die Fähigkeit, andere zu bewegen, für es etwas zu tun oder ihm etwas zu geben.

Kinder in einer Kampfbeziehung scheinen sehr stark darauf zu setzen, diese Art der Bestätigung zu erhalten. Es ist üblich und fast die Regel, daß Erwachsene in Kampfbeziehungen ihren Kindern Unglaubliches zugestehen, um den Wert des Kindes auf diesem Wege zu bekräftigen. Das kann z. B. eine müde Mutter sein, die jeden Tag ein großes, energisches Kind auf dem Arm von der Kinderkrippe nach Hause schleppt, wobei sie noch die Kinderkarre vor sich herschiebt, während das Kind ihr den Hut über die Augen zieht. Das sechste Glas Milch nach dem Zubettgehen, obwohl das Kind die fünf vorhergehenden schon nicht getrunken hat, die fünfte Gute-Nacht-Geschichte, obwohl das Kind schon bei der dritten eingeschlafen war, oder das Kinderzimmer, das wie ein gut sortiertes Spielwarengeschäft aussieht, können auch vor diesem Hintergrund begriffen werden. Es ist unglaublich, welche Energie ein Kind mobilisieren kann, damit ihm die Erwachsenen so oder anders seinen Wert beweisen.

Die mangelnde Solidarität eines Kindes in einer Kampfbeziehung mit den Erwachsenen kann vielleicht auch aus diesem Zusammenhang heraus verstanden werden: Das Kind ist gezwungen, seinen Wert auf Kosten anderer bestätigt zu bekommen, das heißt, es muß den anderen dazu bringen, soviel wie möglich für das Kind zu geben. Da ein Ergebnis der Kampfbeziehung ist, daß das Kind in der Unsicherheit schwebt, wieweit es akzeptiert wird, verstärkt sich die Notwendigkeit weiter, auf diese Weise sich bestätigt zu finden.

Auch in Tagesstätten und Schulen ist es für das Kind schwierig, sich als nützlich und unersetzlich zu erleben. Hier kann der Weg des Kindes, sich seinen Wert bestätigen zu lassen, dahin führen, wieweit man eine Erzieherin, einen Lehrer oder eventuell den Schulpsychologen bringen kann, etwas für einen zu tun oder zu opfern. Kinder in Kampfbeziehungen sind in der Regel auch Meister im Herumkommandieren anderer, im Verbrauchen und Zerstören. Sie haben selten ein Gefühl dafür, etwas zu bewahren oder zu pflegen. (Hierüber mehr im Kapitel über die Persönlichkeitsentwicklung des Kindes.)

Es gibt wohl kein Kind, das im Lauf seiner Entwicklung nicht erlebt hätte, daß in der beschriebenen Form auf seine Bedürfnisse eingegangen wird. Alle Eltern stellen irgendwann in einer bestimmten Situation fest, daß sie die Bedürfnisse des Kindes und ihre eigenen nicht gleichzeitig befriedigen können, daß sie das Kind nicht ungehindert experimentieren lassen können oder daß sie den Drang verspüren, sich «für ihr Kind aufzuopfern».

Wenn wir jedoch von psychisch gesunden, vitalen und lernfähigen Kindern ausgehen können, die nicht sogleich resignieren, dann ist es nicht verwunderlich, daß diese es mit einer Kampfansage versuchen.

Die Verletzlichkeit des Kindes, seine Vitalität und die Verletzlichkeit des Erwachsenen schaffen im Zusammenspiel die entscheidenden Voraussetzungen dafür, daß eine Kampfbeziehung entstehen kann und beibehalten wird.

Die Verletzlichkeiten der Erwachsenen

Was bringt nun die Erwachsenen dazu, wie beschrieben zu handeln?

Wir haben gesehen, daß Kinder in Kampfbeziehungen einen Fächer von Handlungen aufbieten, der bei oberflächlicher Betrachtung sehr unterschiedlich erscheint. Ohnehin tragen die Handlungen isoliert gesehen als Ausdruck für den «Zustand» oder das «Problem» des Kindes offensichtlich keine gemeinsamen Züge. Das Gemeinsame dagegen tritt hervor, wenn man die Funktion der Handlungen im Verhältnis zu den nahestehenden Erwachsenen untersucht. So lernen Kinder, daß z. B. leises Jammern, das Balancieren auf Dächern, einschmeichelndes Reden oder mit dem Kopf gegen die Wand zu stoßen geeignete Mittel sind, um sich die Aufmerksamkeit der Erwachsenen zu sichern.

Bei einem Kind in einer Kampfbeziehung sind die konkreten Handlungen in dieser Weise zielgerichtet, sie sollen eine bestimmte Reaktion bei den Erwachsenen hervorrufen. Eine Handlung, die nicht wie beabsichtigt wirkt, gibt ein Kind sehr schnell auf. Die Handlungen des Kindes sind also nicht direkter Ausdruck seines Bedürfnisses oder seines Gefühlszustandes, sondern verstehen sich aus der Reaktion des Erwachsenen hierauf. Um die konkreten Handlungen des Kindes zu begreifen, ist es deshalb notwendig, das genauer zu betrachten, was die Bezugspersonen zur Reaktion veranlaßt.

Im folgenden wollen wir – etwas künstlich abgegrenzt – einige der Verletzlichkeiten von Erwachsenen beschreiben, von denen wir durch unsere Praxis wissen, wie Kinder ihnen gegenüber handeln, wie sie diese Verletzlichkeiten aktivieren und selbst von ihnen aktiviert werden.

Das Verantwortungsgefühl der Erwachsenen

Der Erwachsene fühlt sich z. B. verantwortlich für die Sicherheit und das Gedeihen des Kindes, für den materiellen Rahmen, den das Kind hat, sowie für vieles andere. Wenn diese Bedingungen bedroht werden, muß der Erwachsene notwendigerweise reagieren. Seine Reaktionen kann das Kind auf unterschiedlichste Weise herausfordern.

Als wirkungsvoll hat sich herausgestellt, die eigene Sicherheit in Gefahr zu bringen. Es kommt, wie oben erwähnt, sehr häufig vor, daß das Kind auf einem Gang in der Stadt plötzlich im dichtesten Verkehr losrennt oder daß es sich auf einem Spaziergang in die Büsche schlägt oder aus dem Kindergarten verschwindet, so daß man es suchen *muß*. Auf einem hohen Dach herumturnen, in hohe Bäume klettern oder mit gefährlichen Dingen spielen ist auch wirksam. Eine gleichfalls übliche Variante ist die, daß das Kind irgendwo «Schmerzen hat». Diese empfiehlt sich besonders, wenn die Erzieherin das Kind vorher hart angefaßt hat. Über die Kleidung klagen, die drückt oder nicht richtig sitzt, einen Stein im Schuh haben, wirkt auch sehr gut. Der Appell an das Mitleid der Erwachsenen, die sich für das Wohlbefinden des Kindes verantwortlich fühlen, ist äußerst wirkungsvoll.

Übliche Methoden gegenüber anderen Kindern sind schlagen, zerren, beißen, treten und spucken, das Zerstören der Arbeiten anderer Kinder oder ihrer Spiele, das Stören beim Vorlesen und ähnliches – und das in der Weise, daß der Erwachsene «gezwungen ist» einzugreifen, um die anderen Kinder und ihren Spaß an Aktivitäten zu schützen. Tiere werden in gleicher Weise benutzt. Ein Haarbüschel in der Hand, ein Finger im Auge, ein Tier am Schwanz herumwirbeln, die Tiere an Orte zu stecken, die unangenehm für sie sind, all dies löst sofort Aktionen der Erwachsenen aus.

Eine dritte Kategorie wirksamer Handlungen, die auf das Verantwortungsbewußtsein des Erwachsenen zielen, hat mit der Verantwortung der Erwachsenen für den materiellen Rahmen zu tun. Zu Hause ist die Lieblingsbetätigung das Herumspielen an der Stereoanlage, dem Video, dem Fernseher, an elektrischen Geräten oder das Herumhopsen auf dem neuen Sofa. In der Tagesstätte kann man das Spielzeug rücksichtslos behandeln und aktiv zerstören oder in extremeren Formen Fenster, Aquarien, Türen oder ähnliches zertrümmern.

«Amok laufen» und «Verwüsten» der nächsten Umgebung ist ebenfalls ein wohlbekanntes Phänomen in Verbindung mit Kampfbeziehungen.

Charakteristisch ist, daß diese geradezu mutwilligen, zerstörerischen Angriffe auf die materiellen Bedingungen in der Regel im Beisein des Erwachsenen stattfinden, sie führen dann auch zu intensiver Aufmerksamkeit von dessen Seite. Wenn die betreffenden Erwachsenen ein großes Interesse an der Aufklärung der Schuldfrage haben, kann die Zerstörung von Gegenständen auch im geheimen vor sich gehen, auch Diebstahl kommt dann vor. Besonders ältere Kinder neigen zu diesen Handlungsformen.

In Situationen, in denen Erwachsene nicht ganz so abhängig von der Zusammenarbeit der Kinder sind, kann sogenannte «Hilfe» das Mittel sein, mit dem sich das Kind die Nähe des Erwachsenen sichert. Das Kind kann z. B. gegen Abend beim Aufräumen große bis sehr große Ausdauer zeigen, sehr besorgt darüber sein, daß auch alle ihre Vitamintabletten nehmen, die es ganz gewissenhaft ausgeteilt hat; es kann sich darum kümmern, daß die Teller richtig stehen, wenn es den Tisch deckt, sehr eifrig beim Aufwischen von Milch sein (die es selbst verschüttet hat), so daß fast der ganze Fußboden gewischt werden muß oder ähnliches. Unterdessen sorgt es dafür, daß der Erwachsene seine Zufriedenheit mit seinem Einsatz ausdrückt. Man kann auch beobachten, daß das Kind sich rührend um die kleineren Kinder kümmert, daß es zum Beispiel intensiv ein weinendes Kind tröstet (wobei der Grund für das Weinen den Erwachsenen verdächtig bekannt vorkommt).

Wenn die Erwachsenen diese Situation beschreiben, hat man das Gefühl, daß die wirkliche Hilfe des Kindes in solchen Situationen eher so lala ist. Der Erwachsene sah sich auf jeden Fall gezwungen, mit ständiger Anerkennung zu reagieren, während er/sie gleichzeitig eine gewisse Lust verspürte, den Umfang und die Intensität der Hilfe zu begrenzen, was aus «pädagogischen Gründen» schwer ist, da man ja gerne das «Konstruktive» fördern möchte.

Das Bedürfnis der Erwachsenen nach Anerkennung

Das Gefühl, daß ihre Kinder sie mögen, ist für die meisten Erwachsenen von grundlegender Bedeutung. Eltern, und in diesem Punkt auch Erzieherinnen, die sich in Kampfbeziehungen mit einem Kind befinden, legen deshalb häufig Gewicht auf Anzeichen, nach denen dieses oder jenes als Zufall interpretiert werden kann, sie fühlen sich entsprechend beunruhigt, wenn sie Anzeichen für eine gegenteilige Deutung wahrnehmen. Um das Kind dazu zu bringen, ihr Bedürfnis nach Anerkennung zu befriedigen, sind einige Erwachsene häufig bereit, sehr weit nachzugeben und sehr viel zu tun.

Mißfallensäußerungen von seiten des Kindes wie zum Beispiel: «Du bist dumm, Mutter.» – «Ich mag viel lieber...» – «Ich will nicht mit nach Hause.» – «Ich will lieber hierbleiben», können die Mutter nachhaltig beeindrucken und gerade dazu führen, daß sie besonders «lieb» und nachgiebig ist und dem Kind das gibt, von dem sie meint, es wolle es gern haben. Umgekehrt kann die Äußerung von Zufriedenheit eine ganze Reihe außerordentlicher Privilegien mit sich bringen. Die Mutter oder die Erzieherin können z. B. nicht überhören, wenn das Kind ankommt und sagt: «Ich mag dich so gern», dann vergessen sie, darauf hinzuweisen, daß das Kind noch nicht fertig aufgeräumt hat oder ähnliches. Wenn das Kind in diesem Zusammenhang andeutet, es möchte gern noch eine Extrageschichte hören, sind solche Erwachsenen oft auffallend willig, diesen Wunsch zu erfüllen.

Auf entsprechende Weise wirken der Austausch oder die Ablehnung von Zärtlichkeiten.

Das Kind kommt also in eine Position, wo es über eine Skala von Möglichkeiten verfügt, um den Erwachsenen zu strafen oder zu belohnen – was es dann auch tut.

Wie die Erwachsenen die Bedürfnisse des Kindes auffassen

Die meisten Erwachsenen haben bestimmte Vorstellungen davon, was gut oder schlecht für Kinder ist, was ihnen gegenüber angemessen oder unangemessen ist, oder was Kinder von seiten des Erwachsenen brauchen, damit die Bedingungen ihres Aufwachsens so gut wie möglich sind.

Viele Erwachsene, denen wir in Kampfbeziehungen zu ihren Kindern begegneten, sind der Meinung, daß sie ihre Kinder nicht dem aussetzen wollen, was sie selbst während ihrer Zeit als Kinder an Unterdrückung, körperlicher Strafe, strenger Disziplin, unabweisbaren Forderungen nach Höflichkeit und Respekt gegenüber Erwachsenen und ähnlichem zu ertragen hatten.

Andererseits machen sie sich selten klar, *was* Kinder brauchen, abgesehen von einigen vagen Vorstellungen darüber, daß man versuchen solle, sie zu verstehen, sie zur Vernunft zu bringen und ihren Bedürfnissen entgegenzukommen. Diese Eltern sind oft unsicher, wenn es um die Frage geht, was und wieviel man von Kindern in unterschiedlichem Alter fordern kann. Der Wunsch, das Kind solle selbständig werden, ist häufig zu hören, auch wenn die Vorstellung dessen, was Selbständigkeit bedeutet, etwas vage ist.

In einer Kampfbeziehung ist es durchaus üblich, daß das Kind nicht ins Bett will, wenn die Eltern es wünschen. Wenn dem ersten Versuch der Eltern mit Widerstand von seiten des Kindes begegnet wird, z. B. durch «Ich muß nur noch…» – «Ich bin nicht müde.» oder «Ich will nicht», dann gibt dies den Eltern Anlaß zu der Überlegung, ob es denn nun angemessen sei, darauf zu bestehen, «wenn es nun aber nicht müde ist» und «ob es seine Selbständigkeit gefährdet, wenn man sich jetzt durchsetzt» usw. Wenn das Kind an seinem Willen festhält, sichert es sich ein Streitgespräch, das sich über den ganzen Abend ausdehnen läßt, und Eltern, die aufmerksam seinem Schlafbedürfnis folgen.

Hat sich diese Situation mehrmals im Verlauf eines Abends oder an mehreren Abenden hintereinander wiederholt, muß man sich nicht wundern, wenn die Eltern das Gefühl bekommen, das Kind sei unmöglich ins Bett zu kriegen, während das Kind das Gefühl bekommt, es allein bestimme darüber, wann das geschehen soll.

Weder Mittel noch Ziel werden dem Erwachsenen deutlich, deshalb muß beides zwischen dem Kind und den Erwachsenen in jeder Situation aufs neue geklärt werden. Dieser Hintergrund lädt das Kind natürlich dazu ein, in jeder einzelnen Situation zu prüfen, was geht. Da das Kind das Ziel verfolgt, der Erwachsene solle nicht die Schlafenszeit bestimmen, und da es außerdem Gegenstand intensiver Aufmerksamkeit wird, kann das Kind erfahren, welche seiner Handlungen in die von ihm gewünschte Richtung führen. Mit anderen Worten: Das Kind kann aus seinen Erfahrungen lernen. Da die Erwachsenen kein klares Ziel haben, an dem sich das Ergebnis ihrer Handlung messen ließe, können sie keine andere Erfahrung machen als die, daß es unmöglich ist, das Kind ins Bett zu kriegen. Jedesmal, wenn sie in einer derartigen unbefriedigenden Situation landen, in der sie nicht genauer feststellen können, ob es ihre vagen Ziele oder die eingesetzten Mittel waren, die dazu geführt haben, daß sie nachgeben mußten, verstärkt sich ihre Unsicherheit. Die Erfahrung, die Situation nicht lösen zu können, wird bewertet und in Beziehung gesetzt zu der Tatsache, daß es das Kind ist, mit dem schwer umzugehen ist.

Die Art der Erwachsenen, etwas zu begreifen

Viele Erwachsene verstehen die Zusammenhänge zwischen unterschiedlichen Erscheinungen, indem sie diese in einem bestimmten Ursachenzusammenhang einander zuordnen, wobei einige Phänomene als «Wirkungen» und andere als «Ursachen» klassifiziert werden. Einigen Erwachsenen kann äußerst wichtig sein, zu klären, was was ist.

In zwischenmenschlichen Beziehungen scheinen «Schuld» und «Schuldzuweisung» ziemlich die gleiche Funktion zu besitzen wie Ursache und Ursachenzuweisung im Rahmen allgemeiner Begriffe. Wesentlich ist deshalb herauszufinden, wer Schuld hat, daß etwas «schiefgelaufen» ist, wer einen «Fehler» gemacht hat und deshalb zurechtgewiesen werden muß usw. Da der Erwachsene ungern ein unschuldiges Kind strafen will, ist er deshalb versucht, zuerst einmal die «Schuldfrage» zu klären. Gleiches gilt, wenn es Grund gibt, das Kind zu loben, da es für den Erwachsenen äußerst wichtig sein kann, sich selbst als gerecht und vernünftig zu erleben.

Wenn diese Ebene des Verständnisses bei einem Erwachsenen aktiviert wird, muß er notwendigerweise reagieren, um das Gefühl des Zusammenhangs und der Gerechtigkeit in der betreffenden Situation zu bewahren. Man könnte auch sagen, daß Furcht vor Willkür und Chaos provoziert werden und daß hiergegen etwas getan werden müsse.

Verstößt ein Kind gegen Regeln oder Normen, so resultiert daraus in den meisten Fällen ein intensives und langes Gespräch mit dem Erwachsenen, der zu verstehen und herauszufinden sucht, «warum das geschah», «wer angefangen hat», «wer schuld hat» usw. Da offensichtlich angenommen wird, das Kind besitze die Antwort hierauf, kann dieses Gespräch in dem Maße ausgedehnt werden, wie das Kind sagt: «Das weiß ich nicht.» – «Daran kann ich mich nicht erinnern.» – «Ich habe nicht angefangen. – «Das war der andere.» – «Das kam weil...» (unwahrscheinliche Ursache) usw.

Dementsprechend kann das Kind völlig berechtigt Antworten von den Erwachsenen einfordern, z.B. auf die Fragen «Warum hackst du immer auf mir herum?» – «Warum antwortest du mir nicht...?» – «Warum soll ich aufräumen, wenn...?» Viele Kinder in Kampfbeziehungen argumentieren übrigens äußerst geschickt.

Diese Unterhaltung kann für die Erwachsenen so wichtig sein, daß das Kind, indem es so tut, als höre es nicht zu oder indem es wegsieht, den Kontaktversuch des Erwachsenen intensivieren und nach den eigenen Wünschen ausdehnen kann.

Falls das Kind eine längere Erklärung darüber beginnt, daß «es passierte, weil... und dann machte sie... und das stimmt so aber nicht... das war ja nicht mit Absicht, daß... ich versuche, das auch nie wieder zu tun» und ähnliches, sind die Erwachsenen mit ihrem Verständnis natürlich interessierte und äußerst zufriedene Zuhörer.

Einige Erwachsene tragen auf diese Weise willig zu einem Dialog bei, wenn das Kind mit einem «Stimmt es nicht, wenn... dann...» beginnt. Diese Erwachsenen können den Dialog erst dann beenden, wenn beide Partner einwilligen, was bedeutet, daß das Kind den Kontakt durch häufige Einwürfe von «Warum.» – «Stimmt es, daß...» – «Darf man...» oder ähnlichem aufrechterhalten kann.

In seinem Verhältnis zu bestimmten Erwachsenen kann das Kind deren Bedürfnis nach Ordnung, Zusammenhang und Gerechtigkeit frustrieren, während es gegenüber anderen Erwachsenen vorzugsweise gerade diese Bedürfnisse befriedigt. Man kann auch Situationen erleben, in denen vom einen zum anderen gewechselt wird, oder sogar Situationen, wo beides gleichzeitig geschieht, z. B.: «Ist es nicht falsch, daß er Vitamintabletten austeilen darf, wo er es doch letzte Woche getan hat und sie es schon lange nicht mehr getan hat» usw. Der Erwachsene kann darauf in eine längere Diskussion gezogen werden, die die höhere Gerechtigkeit betrifft, die in der Befreiung von der Regel besteht.

Die Schuldgefühle der Erwachsenen

Die meisten Erwachsenen haben das Gefühl, daß sie in Wirklichkeit etwas anders, etwas mehr oder etwas besser gemacht haben sollten – nicht zuletzt ihren eigenen Kindern gegenüber. Sie sind deshalb sehr empfänglich für die geringsten Zeichen von seiten des Kindes, die als Bestätigung ihrer Unzulänglichkeit gedeutet werden könnten. Sie sind leichte Opfer und müssen sehr schnell reagieren auf Langeweile, Quengeln, Weinen und andere Zeichen eines unbefriedigten Bedürfnisses oder auf direktere Anzeichen wie Klagen, Äußerungen von Mißbehagen oder gewisse Quälereien.

Ein «Warum darf ich nie...» – «Du forderst immer von mir, daß ich...» – «Du sagst auch immer...» – «Das passiert ja nur, weil ich immer so früh am Morgen aufstehen muß.» – «Ich habe es satt, daß...» usw. reicht aus, um den Erwachsenen reagieren zu lassen.

Die Aktivierung der Schuldgefühle der Erwachsenen geschieht hauptsächlich durch expressive Laute, durch Lautstärke, Mimik, Körperhaltung und ähnliches. Solche Zeichen können für einzelne Erwachsene so schwer erträglich sein, daß sie sehr schnell und in sehr starkem Maße versucht sein werden, dem «Versäumten» abzuhelfen.

Kann das Kind auf ein tatsächliches Versäumnis oder auf einen Fehler hinweisen, scheint dies eine noch größere Wirkung zu haben. Eine Mutter mit pädagogischen Grundsätzen, die körperliche Bestrafung entschieden ablehnt (die sich aber – verständlicherweise – ein- oder mehrmals hat dazu hinreißen lassen), hört zum Beispiel sehr schnell auf, mit dem Kind zu schimpfen, wenn dieses schützend die Hände vor das Gesicht hält.

Eine Mutter, die der Meinung war, man solle Kinder nicht allein lassen, wenn sie schlafen, hatte ein einziges Mal für zehn Minuten die Wohnung verlassen, um Zigaretten zu holen. Das Kind wachte auf und bekam Angst. Die Mutter war später nicht in der Lage (auch nach zwei Jahren noch nicht), auf die Frage «Bist du da, Mami?» *nicht* geduldig und verständnisvoll zu antworten, selbst wenn das Kind mehrmals ins Zimmer kam.

Das ist eine «schlechte Mutter», die nicht dafür sorgt, daß ihr Kind genug zu Essen bekommt, so daß es nicht hungrig ins Bett oder in den Kindergarten gehen muß. Vor dem Hintergrund dieses Urteils gelingt es Kindern häufig, einen überraschend großen Einfluß auf den Speiseplan, die Dauer der Mahlzeiten und deren Verlauf auszuüben. Dies ist eher die Regel als die Ausnahme. Es ist auch nicht ungewöhnlich, daß die Mutter für eine Extrawurst sorgt oder genau das zum Abendessen einkauft, was an dem Tag nicht vorgesehen war.

Schuldgefühle der Erwachsenen spielen fast immer eine Rolle in Kampfbeziehungen.

Das Renommee der Erwachsenen als Erzieher

Für einige Erwachsene ist es von wesentlicher Bedeutung, was und wie andere, auch Fremde, darüber denken, wie sie mit Kindern umgehen. Vor allem, daß sie von anderen nicht als roh und brutal angesehen werden, aber auch nicht als jemand, der seine Kinder nicht unter Kontrolle hat und sie nicht ordentlich erziehen kann.

In Situationen, die sich in der Öffentlichkeit abspielen – wo es Zeugen gibt –, legen Eltern und Erzieher ein außerordentliches Entgegenkommen und eine Erfindungsgabe gegenüber den diversen Einfällen und Bedürfnissen von Kindern an den Tag. Ebenso gäben sie viel für auch nur den geringsten Hinweis oder die leiseste Hoffnung auf ein Entgegenkommen von seiten des Kindes – und dies bekommen sie dann auch.

Für berufsmäßige Erzieher/Erzieherinnen, die häufig gezwungen sind, das Ansehen ihres Faches zu verteidigen, ist es von besonderer Bedeutung, wie sie mit ihrer Kindergruppe z. B. in einem öffentlichen Transportmittel auftreten. Sie benutzen hier am liebsten keine anderen als verbale Mittel, deshalb müssen sie sich ununterbrochen an ein Kind in einer Kampfbeziehung wenden.

Wenn «Schwiegermutter», die ja keine Probleme mit «dem lieben Kind» hat, zu Besuch kommt, gibt es kaum Grenzen, was das Kind erreichen kann. Ebenso gibt es Eltern, die in der halben Stunde bis Stunde, die das Abholen der Kinder von der Tagesstätte dauert (während der die Erzieherinnen wenn irgend möglich keinen falschen Eindruck von ihren erzieherischen Fähigkeiten bekommen sollen), einen Eiertanz aufführen, um einerseits den Forderungen des Kindes entgegenzukommen, angezogen zu werden, und gleichzeitig nicht die Forderung der Erzieherinnen zu sabotieren, daß das Kind lernen soll, dies selbst zu tun. Diese Umstände führen zu einer endlosen Diskussion mit dem Kind und erhöhen die Umsätze der Süßwarenbranche.

Was die Erwachsenen für normal halten

Die meisten Erwachsenen haben eine bestimmte Vorstellung davon, welche Gefühle, Gedanken und Handlungen als «natürlich» für ein gesundes Kind gelten können und was man von einem Mädchen oder einem Jungen in einem bestimmten Alter erwarten kann. Erfüllt das Kind diese Erwartungen, fühlen sie sich (in diesen Punkten) im Zusammensein mit dem Kind sicher.

Angesichts von Gefühlen, Gedanken oder Handlungen eines Kindes, die aus diesem Rahmen fallen, fühlen sich die Erwachsenen unsicher, sie werden ängstlich und verspüren das dringende Bedürfnis, herauszufinden, «was mit dem Kind nicht stimmt». Sie wissen nicht mehr, wie sie reagieren sollen. Vor allem achten die Erwachsenen darauf und fürchten sich unter Umständen davor, das Kind zu unterdrücken oder zu verurteilen. Deshalb haben sie häufig das Gefühl, sie müßten sich ihm besonders widmen, aufmerksam auf es eingehen oder zumindest es sanft abzulenken versuchen.

Wenn ein Kind zum Beispiel blutrünstige Geschichten erzählt, kann es meist sicher sein, daß eine der Erzieherinnen sich die Möglichkeit schafft, ihm etwas abseits von den anderen Kindern zuzuhören und beruhigend auf es einzureden. Schließlich kann «man doch nicht zulassen, daß es mit diesen Angstphantasien allein gelassen wird».

Wenn das Kind auf Zehenspitzen geht, herumwackelt, mit dem Kopf an die Wand schlägt oder stereotype Geräusche macht, müssen die Erzieherinnen natürlich besonders auf dieses Kind achten und versuchen, es aus diesem Zustand herauszuholen (nicht zuletzt deswegen, weil es ein Zeichen für «etwas Ernstes» sein kann). Viel Überlegung wird auf die Frage verwandt, wie man das Kind dazu bringen könnte, sich mit etwas anderem zu beschäftigen, was ihm gleichzeitig «nicht schadet». Dieses Kind hat nun sehr rücksichtsvolle Erwachsene um sich. Auch aus diesem Grund ist es üblich, daß die Fahrten zum und vom Kindergarten einen besonderen Charakter annehmen; die Mutter läßt sich auf große Umwege oder auf besonders komplizierte Rituale ein, da das Kind «Angst» oder ein «Sicherheitsbedürfnis» hat.

Hat der Erwachsene besondere Vorstellungen davon, wie sich die Sexualität des Kindes ausdrücken sollte, und ist er darüber hinaus noch der Ansicht, man dürfe die Beziehung des Kindes zu sexuellen Äußerungsformen nicht negativ beeinflussen, kann so ein Erwachsener in arge Nöte kommen, wenn das Kind z. B. als Reaktion auf ein Verbot, eine Forderung oder eine Ablehnung sich auf den Boden legt und onaniert.

Man kann den Beginn von Kampfbeziehungen oft auf Klinikaufenthalte oder Krankheitsperioden zurückführen, wo Erwachsene auf eine wirkliche Krise des Kindes mit Sorgen, Rücksichtnahme, Vorsicht und Aufmerksamkeit reagiert haben. Dieses besondere Verhältnis zu dem Kind kann sich nach dem Ende der wirklichen Krise fortsetzen. Ein Kind mit einem besonderen Blick dafür kann sogar mit den nötigen Krisenzeichen aufwarten.

Die Toleranz der Erwachsenen gegenüber «Notwendigkeiten»

Die meisten Erwachsenen verbringen ihre Tage nicht zuletzt im Arbeitsleben mit Tätigkeiten, über deren Zweckmäßigkeit sie sich nicht genau Rechenschaft abgelegt, oder die sie mit ihren eigenen Bedürfnissen, Wünschen oder Zielen nicht in Verbindung gebracht haben. Sie tun dies vielleicht vor allem aus der Vorstellung heraus, daß etwas Unbequemes oder Bedrohliches geschieht, wenn sie ehrlich bewerten, was sie tun. Man kann sagen, daß sie mehr oder weniger bewußt diese Handlungen als Notwendigkeit akzeptiert haben.

Diese Gewohnheit, zur Verfügung zu stehen, sich einzuordnen und den Bedürfnissen anderer Vorrang einzuräumen, wird unter anderem in das Familienleben übertragen. Man ist ja gewohnt, etwas zu tun, ohne eine klare Vorstellung davon zu haben, ob und wieweit und für wen eigentlich das sinnvoll ist, was getan wird. «Man tut nur seine Pflicht.»

Vor diesem Hintergrund entstehen Fragen, die sich die Erwachsenen in ihrem Zusammenleben mit den Kindern nicht stellen.

So sieht es die Mutter als eine Notwendigkeit an, daß das Kind auch an einem warmen Sommertag komplett angezogen in der Schule erscheint; sie stellt sich deshalb nicht die Frage, ob sie es sein muß, die das Kind anzieht, ob sie unbedingt Faxen machen muß, damit das Kind dies zuläßt, und ob sie sich damit abfinden muß, getreten zu werden, während sie das tut.

Ebenso hält es eine Mutter für notwendig, daß sie auch für ihren bald erwachsenen Sohn kocht. Sie denkt deshalb nicht darüber nach, ob er unbedingt jeden Tag bestimmen muß, was auf den Tisch kommt, oder ob sie unbedingt versuchen muß, ihn jeden Tag mit anderen Gerichten zu locken, ob es angemessen ist, daß sie dabei mit Schimpfworten überschüttet und Zeuge ziemlich unappetitlicher Eßgewohnheiten wird.

Die Erzieherin meint, es sei notwendig, daß das Kind lernt, daß es andere Kinder nicht anspucken darf, und sagt es ihm deshalb jedesmal wieder, ohne sich darüber Gedanken zu machen, daß es das sowieso schon weiß.

Wenn der Erwachsene bestimmte Verhaltensweisen einem Kind gegenüber für notwendig hält, dann setzt offensichtlich nur die Phantasie der Kinder Grenzen dafür, was das Kind durchzusetzen vermag. Und die Phantasie dieser Kinder kennt offensichtlich keine Grenzen.

Die Normen der Erwachsenen und ihr Ordnungssinn

Die meisten Erwachsenen haben eine Vorstellung davon, wie sich Kinder benehmen sollten: wie sie auf dem Stuhl sitzen, essen, reden, gekleidet sein, Dinge behandeln und aufbewahren sollen usw. Wenn diese Vorstellungen nicht erfüllt werden, fühlen sich die Erwachsenen aufgerufen zu reagieren, um das Kind auf den rechten Weg zu bringen (was allgemein als «Erziehung» bekannt ist).

Dieser ganze Komplex von Normen und Ordnungsvorstellungen bietet dem Kind zahllose Möglichkeiten, den Erwachsenen zu aktivieren. Man braucht nur zu fluchen, mit dem Stuhl zu wippen, mit dem Essen zu ferkeln, zu furzen oder zu rülpsen, Spielzeug umherzuwerfen usw., schon reagieren die Erwachsenen. Als Kind in einer Kampfbeziehung ist man jedoch gezwungen, die konkreten Normen jedes einzelnen Erwachsenen zu kennen. Die gleichen Schimpfwörter wirken, wie wir früher sahen, auf unterschiedliche Erwachsene nicht gleich. Es ist oft zu bemerken, daß sich ein Kind gerade auf jene Schimpfwörter spezialisiert, die am stärksten auf den Erwachsenen wirken.

Wenn ein Kind ständig Normen verletzt, die das Verhalten in unterschiedlichen Situationen festlegen, dann erzeugt dies bei den Erwachsenen anscheinend Irritation, Kränkung, das Gefühl von Machtlosigkeit und Versagen sowie Verunsicherung und Beunruhigung darüber, wie es dem Kind in Zukunft damit ergehen wird.

Auch wenn das Kind in anderen Situationen zeigt, daß es in der Lage ist, Normen zu beachten, bleiben die Sorgen dieser Erwachsenen davon unbeeinflußt. Die Verletzlichkeit der Erwachsenen in diesem Bereich wird von fast allen Kindern in Kampfbeziehungen ausgenutzt.

Der Zeitdruck und die Müdigkeit der Erwachsenen

Neben den eher permanent vorhandenen Verletzlichkeiten können die Erwachsenen natürlich auch aktuell in einer «verletzlichen Situation» stecken.

Muß sich der Erwachsene zum Beispiel um viele Dinge kümmern, muß etwas zu einem bestimmten Zeitpunkt fertig sein oder ähnliches, ist es charakteristisch für ein Kind in einer Kampfbeziehung, daß es seine Aktionen intensiviert. Wenn die Mutter z. B. Gefahr läuft, zu spät zur Arbeit zu kommen, gibt es keine Grenzen, wie lange das Anziehen dauern kann, wieviel Ferkelei die Mutter zulassen muß, damit das Kind wenigstens etwas von seinem Frühstück ißt, und wie langsam man die Treppe hinuntergehen kann usw.

So etwas verstärkt nämlich das Eingehen des Erwachsenen auf

das Kind. Vergleichbare Phänomene kann man bei Spitzenbelastungen in Kindertagesstätten beobachten.

Wenn die Erwachsenen müde sind (sei es, daß sie psychische Probleme haben oder auf Grund ganz normaler arbeitsbedingter Verschleißerscheinungen), gibt dies dem Kind einige Möglichkeiten, sich die Aufmerksamkeit des Erwachsenen zu sichern und sich den üblichen Forderungen zu entziehen.

Der müde Erwachsene vermeidet gern Einsätze, die psychische oder physische Energie kosten. Üblicherweise versucht er deshalb zu übersehen, was das Kind gerade macht, er fühlt mit Appellen vor, die womöglich langsam in Ermahnungen übergehen und danach in Drohungen, um schließlich doch bei der einen oder anderen energiefordernden Handlung zu enden.

Störungen dessen, was die Erwachsenen vorhaben, kommen häufig vor. Sich vor den Fernsehapparat stellen, an der Zeitung zerren, die der Erwachsene sich geholt hat, um sich gerade etwas zu entspannen, das kann ein wirksames Mittel sein, um den müden Vater zu einer Reaktion zu bringen. Wenn Mutter fünf Minuten auf dem Sofa ausruhen möchte, kommt es dem Kind in den Sinn, auf ihr herumzuklettern, ihr auf den Bauch zu hüpfen oder ähnliches. Einfach losheulen führt meist auch zu irgendeiner Reaktion, die Ruhe herstellen soll. Die Störung kann auch in dieser Situation zum gewünschten Ergebnis führen. Ein Verbot wird vom Erwachsenen aufgehoben.

Wir haben hier einige einfache, aber doch allgemein übliche Verletzlichkeiten erwähnt, denen wir bei der Arbeit mit Erwachsenen in Kampfbeziehungen begegnet sind. (Wie aus den Kapiteln über die Änderungsprozesse hervorgehen wird, spielt eine zentrale Rolle bei der Behandlung der Probleme, die aktivierten Verletzlichkeiten mit einzubeziehen und zu bearbeiten.)

Wenn die Erziehenden – sowohl die professionellen als auch die Eltern – solche Verletzlichkeiten zeigen, werden sie anfälliger für eine Kampfbeziehung mit dem Kind.

Es gibt wohl keinen Erwachsenen, der nicht einige der genannten Verletzlichkeiten in der Beziehung zu seinem Kind an sich feststellen kann. Fast allen Eltern passiert es, daß sie sich ab und zu oder in bestimmten Zeiträumen in einer Kampfbeziehung mit ihrem Kind befinden, ohne daß dies ein Grund zur Sorge sein müßte. Im Gegenteil, jedes gesunde Kind wird den Versuch einer Kampfbeziehung unternehmen. Entscheidend ist jedoch, daß Zeit und Platz für eine Fülle anderer, notwendiger Beziehungsformen zwischen den Erwachsenen und dem Kind bleibt – daß also die Kampfbeziehung nicht den größten und wesentlichen Teil des Zusammenseins ausmacht. Dies hätte einige sehr ernste Konsequenzen sowohl für die weitere Persönlichkeitsentwicklung des Kindes wie auch für die der Erwachsenen. In den nächsten Kapiteln über die Konsequenzen der Kampfbeziehungen für die daran Beteiligten werden wir näher auf diesen Aspekt eingehen.

Konsequenzen für die Persönlichkeitsentwicklung des Kindes

Hat man es mit einem Kind zu tun, in dessen Beziehung zu seiner Umwelt die Kampfbeziehung vorherrscht, muß man sich klarmachen, daß durch diese Beziehungsform seine Entwicklung beeinflußt wurde. Je nachdem, wie viele Jahre – oder genauer einen wie großen Teil des kindlichen Lebens – es diese besondere Perspektive auf die Welt gehabt hat, bekommt man es mit einem mehr oder weniger «spezialisierten» Kind zu tun. Wir werden im folgenden etwas genauer betrachten, um welche Art der Spezialisierung es sich dabei handelt.

Im Kapitel über die Verletzlichkeiten des Kindes sind drei wesentliche Bedürfnisse des Kindes beschrieben worden und in welcher Art ihnen in einer Kampfbeziehung entsprochen werden kann. Wir wollen im folgenden betrachten, was dies für die Persönlichkeitsentwicklung des Kindes bedeutet.

Das Kind klammert sich, wie im oben genannten Kapitel geschildert, an die Aspekte seiner Erfahrungen, wonach es gezwungen ist, sich die Anwesenheit des «halb anwesenden» Erwachsenen zu sichern und seine Aufmerksamkeit festzuhalten. Man kann sich z. B. ein Kind vorstellen, das seiner Mutter zeigen will, was es gerade gelernt hat... Der spontane Ausdruck dieses Wunsches nach Kontakt kann ein langgezogenes «Maaamaaa» sein. Die Mutter, die auch vieles andere zu tun hat, sagt: «Warte einen Moment.» Das Kind ist frustriert und fängt spontan an zu weinen. Sofort kommt die Mutter, da sie bemerkt, daß das Kind traurig über die Verzögerung ist. Das Kind erlebt, daß sein spontaner Ausdruck der Frustration auf die Mutter wirkt, so daß seinem Kontaktbedürfnis nachgekommen wird, wogegen sein spontan ausgedrückter Wunsch nach Kontakt («Maaamaaa») wirkungslos geblieben ist.

Wenn das Kind eine solche Sequenz mehrmals erlebt hat, geht es aus naheliegenden Gründen direkt zu dem über, was die Erfüllung seines Wunsches bewirkt. Also zum Weinen. Dies erfordert jedoch, daß das Kind einem Gefühl Ausdruck verleihen kann, das es noch gar nicht hat (in diesem Beispiel die Frustration). Was ursprünglich ein *spontaner Gefühlsausdruck* war, wird nun als *Mittel* angewandt.

Wenn der spontane Gefühlsausdruck des Kindes sich zum Mittel verwandelt, bedeutet dies, daß das Kind das Mittel anwenden kann, wenn es die Wirkung haben will, die das Mittel verschaffen kann. Das heißt, es erzeugt ein Gefühl, das es gar nicht hat (im Beispiel: Das Kind weint, ohne traurig zu sein). Gleichzeitig muß das Kind – um so etwas durchführen zu können – absehen von den eventuellen Gefühlen, die es haben sollte (im Beispiel: die Freude über sein Können).

Das Kind muß also sehr genau kontrollieren, welche Gefühle es zeigt und welche es nicht zeigt. Mit anderen Worten: Es muß eine situationsgebundene Selbstkontrolle erwerben und *Schauspielertalent* entwickeln, das die ihm nahestehenden Erwachsenen überzeugen muß, wenn sein Vorhaben gelingen soll. So etwas geschieht auf Kosten der Spontaneität.

Die *Kontrolle über den Gefühlsausdruck* kann bei diesen Kindern oft umfassend ausgeprägt werden. Eltern, die versuchen, sich aus einer Kampfbeziehung herauszuprügeln, wissen zu berichten, daß das Kind bei der Bestrafung «vor sich hinsummt» oder nur «Ha, das tut ja gar nicht weh» sagt (sogar in Situationen, in denen aufgrund der elterlichen Verzweiflung die Bestrafung ziemlich gewalttätig ist).

In anderen Situationen gibt es z. B. keine Grenze dafür, wie groß der Schmerz sein kann, wenn auch nur ein mikroskopisches Steinchen im Schuh ist oder wenn die Erzieherin das Kind am Arm packt. Es ist auffallend, wie ein «verzweifelter Wutanfall» augenblicklich aufhören kann, wenn die Erzieherin mit den anderen Kindern darüber zu diskutieren beginnt, wer das Türchen für diesen Tag am Weihnachtskalender öffnen darf.

Aus einem solchen Ablauf ergibt sich die Schlußfolgerung, daß die Gefühle, die diese Kinder ausdrücken, nicht allzuviel mit dem Bedürfniszustand zu tun haben, in dem sie sich selbst befinden, sondern mehr mit jenem, in dem sich ihre Bezugspersonen befinden. Der Umstand, daß sich das Kind darauf konzentrieren muß, was auf den Erwachsenen wirkt, während es gleichzeitig von seiner eigenen Gefühlslage absehen muß, führt dazu, daß es sich auf Dauer seiner eigentlichen Gefühle immer weniger bewußt wird, oder mit anderen Worten: Das Kind lernt, seine Gefühle zu verdrängen.

Dazu paßt auch, daß Kinder in Kampfbeziehungen sehr wenig darüber wissen, wie es ihnen selbst geht, zu was sie Lust haben usw., dagegen sehr viel darüber, wie es ihren Bezugspersonen geht, zu was diese Lust haben und – besonders wichtig – keine Lust haben. Das Kind hat mit anderen Worten sehr gut gelernt, die Erwachsenen zu durchschauen, aber nicht sich selbst.

Eine notwendige Voraussetzung, um die Erwachsenen lenken zu können, ist ganz sicher, sie frustrieren bzw. zufriedenstellen zu können (d. h. sie einzuwickeln oder mit Charme für sich einzunehmen). Während das Kind sich bemüht, diese Fertigkeiten zu erwerben, hat es jedoch vergessen (verdrängt), wozu es diese Steuerung einsetzen will. Der *Steuerungsprozeß* wird deshalb zu einem Ziel an sich. Am Beispiel: Nicht die Lust auf eine Frikadelle mehr verleiht dem Kind die Energie zu einem Wutanfall am Mittagstisch, sondern es ist wie versessen darauf, zu bestimmen (lenken). Hat es endlich die Frikadelle ergattert, kann es ebensoviel Energie mobilisieren, um sie nicht essen zu müssen.

Ist man ständig damit beschäftigt, andere zu lenken, erfordert dies Überwachung und Selbstkontrolle. Diese Anstrengung kann mit der Zeit die Motorik und die Körperhaltung prägen. Man erlebt deshalb bei vielen Kindern in Kampfbeziehungen die Tendenz zu einer angespannten Körperhaltung, zu *einer stark gesteuerten, unspontanen Motorik*. Ihr entsprechen Schwierigkeiten bei der expressiven Bewegungsentfaltung wie z. B. bei Rhythmik und Tanz (wobei diese Kinder statt dessen Konflikte mit dem Erwachsenen vom Zaun brechen).

Eine weitere Konsequenz der Selbstkontrolle (mit Blick auf die Steuerung der Erwachsenen) besteht darin, daß das Kind die ganze Zeit mehr oder weniger bewußt mit strategischen Bewertungen beschäftigt sein muß, in die die Wertung einbezogen werden muß, inwiefern sich die Mittel für eine bestimmte, konkrete Situation eignen. Vor diesem Hintergrund entwickelt das Kind eine *strategische Intelligenz*. Sie zeichnet die meisten Kinder in Kampfbeziehungen aus. (Wenn ein Kind, das in eine Kampfbeziehung verstrickt ist, z. B. Schach spielt, zeigt es ein ausgeprägtes Talent für dieses Spiel.)

Ist das Kind aus dem einen oder anderen Grund nicht mit dem Steuerungsprozeß beschäftigt, fällt die Notwendigkeit der Selbstkontrolle fort, und damit ist das Kind seiner eigenen verdrängten Gefühlswelt überlassen, mit anderen Worten der *Leere*. Da das Kind einen so geringen Zugang zu seinen eigenen, inneren Gefühls- und Bedürfnislagen hat, taucht also auch nichts auf, worauf das Kind seine Aktivitäten in einer für es selbst befriedigenden Weise ausrichten kann. Es bleibt also einer *diffusen Rastlosigkeit* überlassen.

Um die Rastlosigkeit zu lindern, schlägt es häufig die Zeit mit Dauerkonsum von TV, Video, Comics, Naschen usw. tot, wenn es keine neue Kampfphase eröffnen kann, in der seine Selbstkontrolle wieder funktional zu werden beginnt. Darum sucht das Kind nach dieser Gelegenheit. Danach ist es wieder intensiv engagiert und konzentriert, sein Leben hat dann offenbar wieder Inhalt und Ziel.

Von diesen Kindern läßt sich deshalb sagen, daß sie «sehr wenig in sich selbst ruhen», das heißt, sie sind nicht von innen geleitet. Sie sind statt dessen in einer Beziehung zu den Erwachsenen gefangen, da sie von diesen abhängig sind, um ihrem Leben Inhalt und Ziel zu geben. (In diesem Zusammenhang kann man vielleicht die besondere Verletzlichkeit dieser Kinder gegenüber einer Entfernung von daheim interpretieren.)

Wie im Kapitel über die Verletzlichkeit des Kindes geschildert, greifen die Erwachsenen in die *Autonomieentwicklung* auf eine

Weise ein, daß das Kind sich an jene Aspekte seiner Erfahrung heftet, die mit der Bewahrung und Entwicklung seiner Autonomie – gegen die Erwachsenen – zusammenhängen. Das Kind muß also lernen, ganz entgegen den Absichten der Erwachsenen zu handeln und die Erwachsenen zu steuern, um sich dem Experimentieren mit den eigenen Fähigkeiten widmen zu können.

Mit der Entwicklung der Autonomie des Kindes sind unter anderem die beiden folgenden Aspekte verbunden: Der eine Aspekt hat damit zu tun, sich eines bestimmten Bedürfnisses bewußt zu werden und sich zu entschließen, die Erfüllung dieses bestimmten gegebenen Bedürfnisses in einer gegebenen Situation zu suchen oder zu wünschen. Man kann diesen Aspekt als *Initiative* bezeichnen. Der andere Aspekt hat mit der Realisierung selbst zu tun, er bezieht sich darauf, daß die notwendigen Denkprozesse und Handlungen hervorgebracht werden, die zum Ziel führen. Diesen Aspekt könnte man *Kompetenz* nennen.

Die Entwicklung der Autonomie eines Kindes in einer Kampfbeziehung nimmt eine besondere Form an, da die Initiative des Kindes und seine Kompetenz nicht in einem abgewogenen Verhältnis zueinander stehen.

Die Initiativen des Kindes haben, ebenso wie seine übrigen Handlungen, nur einen indirekten Bezug zu seinen eigenen Gefühls- und Bedürfnislagen, statt dessen beziehen sie sich direkt auf die Gefühls- und Bedürfnislagen des Erwachsenen und auf die Möglichkeiten, den Erwachsenen in einer gegebenen Situation zu aktivieren.

Die Initiative wird auch nicht mit der Kompetenz verbunden. Experimentiert ein Kind in einer Kampfbeziehung mit seiner Autonomie, z. B. in der Form, daß es sich eine sechste Geschichte nach dem Zubettgehen verschafft, auch wenn es bei den letzten drei schon fast eingeschlafen war, dann wird die Initiative – eine Geschichte haben zu wollen – nicht verbunden mit der Kompetenz, zum Beispiel diese Geschichte selbst lesen zu wollen, sondern statt dessen mit der Kompetenz, den Erwachsenen dazu bringen zu können, daß er einen mit einer Geschichte versorgt. Dadurch konzentriert sich das Kind immer mehr darauf, wozu es den Erwachsenen bringen kann, statt herauszufinden, was und wie es selbst seine Probleme lösen kann. Seine Kompetenzentwicklung ist auf den Erwachsenen bezogen, oder genauer: *Sie wird zur Kompetenz, «den Erwachsenen zu handhaben»*, statt sich selbst um seine Wünsche zu kümmern. Die «Problemformulierung» des Kindes lautet also nicht: Wie kann *ich* mein Problem lösen? sondern: Wie kann ich *den Erwachsenen* dazu bringen, mein Problem zu lösen? Besteht das Problem des Kindes z. B. darin, daß es sich langweilt, wird dieses Problem also nicht in der Frage formuliert «Was für interessante Dinge kann ich in dieser Situation tun?», sondern als «Was kann ich tun, um den Erwachsenen dazu zu bringen, daß er mich unterhält?» Der Erwachsene wird zwischen das Kind und dessen Lösung der Situation eingeschoben, anders gesagt zwischen dessen Kompetenz- und Selbständigkeitsentwicklung.

Die Kompetenz des Erwachsenen wird also der Initiative des Kindes unterworfen, wodurch die Balance zwischen der Initiative und der Kompetenz des Kindes gestört wird. Das Kind beginnt, seine Kompetenz in Bereichen einzusetzen, die es selbst nicht unmittelbar beherrscht. Es gelingt ihm auf diese Weise, über Kräfte und Fertigkeiten zu gebieten, die der Erwachsene – aber nicht das Kind selbst – hat. Dies gibt dem Kind ein *Gefühl der Allmacht*. Aus diesem Zusammenhang heraus kann man möglicherweise die Allmachtsgefühle und die unrealistische Selbsteinschätzung verstehen, die sich – gepaart mit gleichzeitigem Selbstzweifel – in der Regel bei Kindern in einer Kampfbeziehung beobachten läßt.

Die Kompetenz des Kindes entwickelt sich in Beziehung zu den Aufgaben, die es löst oder die es in Angriff nimmt. Wenn die Kompetenz des Kindes eine Kompetenz im erfolgreichen Manipulieren von Erwachsenen wird und *nicht eine Kompetenz, selbständig Probleme zu lösen*, so entwickelt das Kind eine besondere Abhängigkeit von den Erwachsenen. Seine Selbständigkeit oder Autonomie bleibt dann an einen Erwachsenen gebunden. Da Autonomie als etwas Zentrales im Identitätserlebnis des Kindes angesehen werden muß, wird die Trennung von einem Erwachsenen identitätsbedrohend (angsterzeugend). So ruft es beim Kind große Angst hervor, vom Erwachsenen getrennt zu werden, da dies für das Kind gleichbedeutend ist mit dem Verlust der Grundlage seiner Autonomie. Aufmerksamkeit der Erwachsenen – auch negative – kann auf diese Weise als Bestätigung der Identität wirken oder als eine notwendige Bekräftigung der Autonomie, deshalb muß sie dauernd hervorgerufen werden.

Der Gegensatz zwischen dem, was diese Kinder *durch die Erwachsenen* zu erreichen vermögen, und dem, was sie *selbst* unmittelbar ausrichten können, fällt stark ins Auge und wirkt bedrohlich für das (unrealistische) Identitätsgefühl des Kindes. Die reale Hilflosigkeit (Ohnmacht) versucht das Kind deshalb vor sich und den anderen zu verbergen. Der Gegensatz *Allmacht / Ohnmacht* ist bei diesen Kindern sehr erschreckend.

Der Gegensatz kann dadurch verborgen werden, daß das Kind sich weigert, etwas auf jenen Gebieten zu leisten, auf denen er offensichtlich werden könnte, oder daß das Kind sich die Anwesenheit eines Erwachsenen sichert. In der Praxis ist der erste Versuch dann auch häufig Anlaß für den zweiten: Weigert sich das Kind beispielsweise zu lesen oder zu malen, wenn man es darum bittet, bringt die Weigerung sehr häufig schon von selbst die Aufmerksamkeit des Erwachsenen ein. Ist diese gesichert, befindet sich das Kind wieder auf gewohntem Terrain. Es ist niemand da, der entdecken kann, daß es nicht unbedingt am besten liest oder malt. Und es selbst lernt dies auch nicht, es entstehen folglich Lücken im Lernprozeß.

Dadurch wird die Ohnmacht verstärkt, und der Gegensatz zwischen Allmacht und Ohnmacht verschärft sich weiter. Als Folge wird dann die Manipulation des Erwachsenen noch wichtiger. Hieraus entsteht eine noch größere Abhängigkeit usw. usw.

Solange Allmachtgefühle und die Steuerung des Erwachsenen ganz besonders wichtige Erlebnisse des Kindes sind, ist dies spannend und herausfordernd. Wenn sich dagegen mit der Zeit das Erlebnis der Ohnmacht und Abhängigkeit dem Kind aufdrängt, und wenn die Folgen hiervon deutlicher spürbar zu werden beginnen, muß das Kind seine Verteidigung verstärken. Der Ablauf verliert mehr und mehr das Spielerische und Flexible. Dies führt wiederum dazu, daß dem Kind immer weniger Vorhaben gelingen. Man beobachtet deshalb auch häufig mit zunehmendem Alter bei Kindern in Kampfbeziehungen eine steigende Angst, die sich allmählich in einer Verzweiflung ausdrückt, die die bisher *flexiblen, präzisen und nuancierten Handlungen* desorganisiert und ihnen einen stärker *rigiden, diffusen und stereotypen Zug* gibt.

Dieser Prozeß wird dramatisch beschleunigt, wenn das Kind die praktische Erfahrung macht, daß die Beziehung bedroht ist. Drohen die Erwachsenen in der Kampfbeziehung dem Kind mit der Entfernung von daheim (daß die Beziehung unterbrochen werden soll), steigert dies die Angst des Kindes (und verstärkt dessen Aktionen). Diese Zuspitzung wird jedoch weit von der Angst übertroffen, die sich einstellen kann, wenn vor diesem Beziehungshintergrund eine auch noch so kurze Entfernung von zu Hause vorgenommen wird.

Im Kapitel über die Verletzlichkeiten des Kindes haben wir hervorgehoben, daß diese Kinder unter anderem *ihre Bedeutung* dadurch bestätigt bekommen, wie weit sie andere dazu zu bringen vermögen, etwas für sie zu leisten/tun, und daß die Gib-Nimm-Beziehung teilweise umgewandelt ist in eine *Umgarnung-Druck-Beziehung*. Wenn das Kind z. B. «hilfsbereit» ist oder «unterhaltend», geschieht dies nicht aus der Lust heraus, etwas für den Erwachsenen zu tun, sondern um ihn zu umgarnen, damit er etwas leistet, zu dem er/sie nicht gewillt war. Wenn das Kind hierdurch irgend etwas erreicht, wird dies in der Regel als Ergebnis von Umgarnung/Druck erlebt. Dies kann geradezu Mißtrauen im Kind hervorrufen, wenn der Erwachsene einmal dem Druck zuvorkommt. «Was führt sie nun im Schilde?» – «Sie spinnt ja ganz schön» und ähnliches.

Diese Umgarnung-/Druck-Beziehungen zur Umwelt basieren zum Teil auf einer speziellen Ausformung der Intuition des Kindes, zum Teil haben sie diese aber auch zur Folge.

Wenn man sich normalerweise in die Situation anderer Menschen hineinversetzt, fühlt man auch mit und für sie. Man kann dies als *solidarisch* bezeichnen oder als *einfühlendes Einleben*. Eine Konsequenz daraus ist u. a., daß man in seinen Handlungen die notwendige Rücksicht nimmt auf die Situation und die Gefühle des anderen. Kinder in einer Kampfbeziehung leben sich ebenfalls in die Situation anderer ein – sogar noch genauer. Wenn das Kind z. B. ein anderes Kind zum Weinen bringen will, damit die Erzieherin sofort kommt, muß es wissen, was das andere Kind zum Weinen bringt. Aber das Kind belastet sich nicht damit, mitzufühlen und für das andere Kind zu fühlen, es lebt sich z. B. nicht in dieses Kind ein, es fühlt nicht nach, wie weh es tut, geschlagen zu werden, wie traurig die Mutter wird, wenn..., wie schmerzhaft es ist, wenn die schöne Zeichnung zerstört wird. Denn dann wird es schwierig, etwas zu verursachen, und das Kind könnte nicht so meisterlich umgarnen und Druck ausüben, wie es das ja in Wirklichkeit tut. Wenn diese Erlebnisaspekte des Einfühlens verdrängt werden, nehmen sie nicht ihren «normalen» Einfluß auf die Entwicklung. Man könnte diese reduzierte Form als *egozentrisches Einleben* bezeichnen.

Vielleicht ist es unter anderem gerade das einfühlende Einleben, was andere Kinder, die ansonsten die Gelegenheit dazu hätten, in eine Kampfbeziehung zu geraten, hiervon abhält.

Das Kind muß sich auch in den Situationen gegen das Einfühlen schützen, in denen die Umwelt dem Kind mitzuteilen versucht – nicht selten mit unerwarteter und großer Intensität –, wie seine Handlungen auf diese Umwelt wirken. Hier scheint es jedoch so zu sein, daß die bevorzugte Verteidigungsform in der Projektion besteht (vor Verdrängen / Leugnen). Dies hat für das Kind den seinem Ziel dienlichen Nebeneffekt, daß die Situation nicht gesprengt wird, das heißt, daß die Beziehung erhalten bleibt. Wenn die Erzieherin z. B. sagt: «Schau, wie traurig du das Mädchen machst», wird geantwortet: «Das war, weil sie...»

Die Tatsache, daß die Beziehungen Geben-Nehmen zu Beziehungen Umgarnen-Druck geworden sind und hiermit der Ausschluß des Aspektes Einfühlen durch Einleben verbunden ist, bedeutet, daß das Kind in der Kampfbeziehung in Wahrheit auf seine eigene Welt verwiesen ist und deshalb nur einen *egozentrischen Ausgangspunkt für seine Handlungen und Gefühle* besitzen kann – mit anderen Worten, einen egozentrischen Ausgangspunkt für sein Sein in der Welt. Einige nennen derartige Erlebnisweisen und Verhaltensformen narzißtisch, andere Menschen existieren in ihnen nur, um benutzt zu werden.

Der egozentrische Ausgangspunkt, den das Kind in einer Kampfbeziehung einnimmt, hindert es daran, in seinem Verhältnis zu anderen Menschen Fürsorge auszutauschen, statt dessen erhält es Bedienung in Form von Bequemlichkeit. Die Egozentrik bewirkt, daß dieses Kind sich nicht auf den Austausch von Anerkennung einläßt, es erreicht lediglich, daß man es toleriert; daß es nicht mit anderen Menschen in Kontakt steht, sondern ihre Aufmerksamkeit ergattert; daß es keinen Respekt über den Austausch von Zustimmung erringt, sondern statt dessen auf Grund seines Status respektiert wird; daß es keine Bedeutung durch gegenseitige Wertschätzung zu gewinnen vermag, statt dessen nur Bedeutung in Form von Brauchbarkeit oder Macht genießt; daß es keine Einfühlung austauscht, sondern sich das Mitleid des anderen verschafft; daß es endlich nicht in der Lage ist, eine Beziehung mit gegenseitiger Zuneigung aufzubauen, sondern gerade noch Bewunderung austauschen kann. Dies sind einige Konsequenzen, die Kampfbeziehungen offenbar für die Kinder haben.

Wenn ein Kind in einer «frischen» Kampfbeziehung durch Vitalität, Flexibilität, Erfindungsreichtum, lustbestimmtes Verhalten und Experimentieren auffällt, so weichen diese Verhaltensweisen allmählich der Verzweiflung, der Erstarrung, stereotypem und rituellem Betragen, in dem Leere, Verstimmtheit und Langeweile überhandnehmen. Diese Entwicklung ist jedoch weniger ausgeprägt, wenn die Eltern trotz aller Probleme dem Kind gegenüber Wärme und Engagement manifestieren.

Wenn es zu Beginn *das Kind* ist, das die Handlungen in bestimmten Situationen steuert, lösen allmählich die Situationen selbst *quasi automatisch* die Handlungen des Kindes aus.

Die beschriebenen Persönlichkeitsmerkmale erwirbt das Kind durch die Kampfbeziehung zu seinen unmittelbaren Bezugspersonen, diese Art zu reagieren wird beibehalten und weiterentwickelt, solange das Kind in einer Kampfbeziehung bleibt. Die anderen Entwicklungspotentiale des Kindes erhalten deshalb keine Förderung.

Vermögen die Erwachsenen in seiner unmittelbaren Umgebung das Kind aus der Kampfbeziehung herauszureißen und andere Beziehungen zu ihm aufzubauen, zeigt sich in der Praxis, daß andere Entwicklungspotentiale des Kindes nicht verloren sind und das Kind relativ schnell andere, für seine Persönlichkeit spezifische Verhaltensweisen entwickeln kann. Nach unserer Erfahrung bewahrt das Kind zumindest bis zur Pubertät – wenn es nicht von seinem Zuhause getrennt wurde – die Bereitschaft, seine Potentiale zu entwickeln. Bei der Änderung ist es jedoch absolut notwendig, daß man davon ausgeht und ständig berücksichtigt, wie das Kind in der Wirklichkeit «funktioniert».

Die beschriebene Persönlichkeitsentwicklung kann als eine Aussage darüber betrachtet werden, wie das Kind *funktionieren kann/funktioniert*, und nicht als eine Aussage darüber, wie das Kind *ist*.

Konsequenzen für die Beeinflußbarkeit des Kindes durch pädagogische Maßnahmen

Als Folge der Funktionsweisen, die Kinder durch die Kampfbeziehung erworben haben, wirken allgemeine pädagogische Mittel – zum Beispiel das Kind «zur Vernunft bringen», die Handlungen des Kindes Konsequenzen haben zu lassen, Belohnung und Strafe für gewisse Handlungen auszuteilen – auf diese Kinder ganz anders als auf andere Kinder.

Da die allgemein angewandten pädagogischen Mittel nicht greifen, führt dies in der Praxis dazu, daß diese Kinder in der «normalen» Umgebung nicht zurechtkommen und deshalb als Kinder angesehen werden, mit denen man einfach nicht umgehen kann.

Diese besonderen Bedingungen geben meistens den direkten Anlaß dafür ab, daß spezielle Betreuungsmaßnahmen für diese Kinder eingeleitet werden, z. B. der Unterricht in Beobachtungsklassen, der Privatunterricht, das Eingreifen eines speziellen Erziehers usw. In den meisten Fällen verschärfen diese Maßnahmen nur die Probleme.

Zur Vernunft bringen

Der Erwachsene, der in eine Kampfbeziehung mit einem Kind verwickelt ist, versucht im Konfliktfall das Kind durch Ermahnen und Verhandeln zur Vernunft zu bringen, in der Hoffnung, auf die eine oder andere Weise dem Konflikt zu entgehen. Er appelliert beispielsweise an die Moral des Kindes (die in diesem Fall jedoch noch gar nicht voll entwickelt ist): «Nun tu doch bitte dies, dann bist du nett» – «...dann bist du tüchtig» oder «Wenn du machst, was... dann werde ich auch...» Man kann auch versuchen, dem Kind den Grund seiner Wünsche zu erklären, eventuell die Konsequenzen, die auf es zukommen, wenn es «dies» nicht tut, oder die Unzweckmäßigkeit, etwas anderes zu tun. Wie der Erwachsene sagt: «Man begründet selbstverständlich seine Forderungen.» Es kommt auch vor, daß der Erwachsene ein Gespräch mit dem Kind über dessen Motive beginnt: «Warum hast du das genommen?» – «Warum willst du nicht mitmachen?» – «Warum hörst du damit nicht auf?» Hierdurch versucht der Erwachsene, zu den Motiven des Kindes vorzustoßen, er möchte es überzeugen, daß seine Motive in Wahrheit nicht unvereinbar mit den Handlungen sind, die von ihm gewünscht werden.

Hier muß man sich klarmachen, daß ein Kind in einer Kampfbeziehung den Konflikt mit dem Erwachsenen ja gerade begonnen hat, um dieses Gespräch und häufig ja noch dazu intensive Aufmerksamkeit zu erringen. Dieses «Zur-Vernunft-Bringen» versetzt das Kind in der Kampfbeziehung also in die Situation, daß es bekommt, worauf es aus ist. Das Mittel dazu ist, gerade das zu machen, was der Erwachsene als problematisch ansieht. Für das Kind gibt es deshalb keinen Grund, damit aufzuhören.

Im Gegenteil.

Auf ähnliche Weise wirken die wiederholten «Warnungen» und Ermahnungen des Erwachsenen. Nach jeder könnte der Erwachsene ebensogut hinzufügen: «Die letzten Male, als ich dir das sagte, habe ich das nicht so ernst gemeint, und ich werde es dir beim nächstenmal sowieso wieder sagen. Aber die ganze Zeit werde ich dich genau im Auge behalten und sehen, was du anstellst.» Dieser «Drohung» kann man als ein Kind in einer Kampfbeziehung einfach nicht widerstehen.

Durch Reden versucht der Erwachsene das Kind zu kontrollieren. Diesen Kontrollversuch durchschaut das Kind sofort und widersetzt sich gleichzeitig, da es in der Realität bekommt, was es durch diesen Widerstand erreichen wollte. Dieses «Reden» basiert auf der Erwartung des Erwachsenen, daß das Kind entgegenkommend sei. Das ist ein Kind in einer Kampfbeziehung aber nicht (außer, es ist darauf aus, jemanden zu umgarnen). Der Erwachsene kommt jedoch dem Kind, ohne es zu wollen, entgegen, wenn er durch das Reden den unerwünschten Handlungen Aufmerksamkeit zuwendet. Das Kind hat also allen Grund, die Handlungen zu wiederholen, über die gerade gesprochen wurde – was es dann ja auch tut.

Strafe oder die Drohung damit

Erwachsene versuchen häufig, das Verhalten eines Kindes durch Drohungen und eventuell durch die spätere Realisierung der Drohungen zu ändern (von denen sie annehmen, daß sich das Kind nicht darum kümmert). Sie sagen z. B.: «Wenn du nicht deine Zähne putzt, bekommst du keine Gute-Nacht-Geschichte vorgelesen» usw. Also nach dem Typ: «Wenn nicht... dann...» Gegen solche Drohungen und ihre Einlösung zu einem späteren Zeitpunkt, hat sich das Kind in der Kampfbeziehung wahrscheinlich schon völlig immunisiert. Das Kind nimmt sie als willkommene Aufmerksamkeit und als Herausforderung zu einem neuen Machtkampf. Drohungen, «etwas nicht zu sollen», begegnet das Kind z. B. mit: «Das ist mir sowieso egal» – «Dann mache ich eben auch...» – «Dann darfst du auch nicht...» – «Du hast wohl einen weichen Keks» – «Doch, das hat meine Mutter erlaubt, ich darf...» usw. Läuft die Drohung beispielsweise darauf hinaus, daß das Kind nicht mit auf einen Ausflug darf, kann es u. a. sagen: «Ich will ohnehin viel lieber...» oder es kann seinerseits den Erwachsenen mit der Bemerkung bestrafen: «Dann mache ich eben...» oder «Dann mache ich eben dein... kaputt.» Das Kind kann auch «so unglücklich» werden, daß die Eltern meinen, «für dieses eine Mal...»

Einige Erwachsene haben es mit einer «Konsequenzpädagogik» versucht, nach der das Kind selbst sämtliche Konsequenzen seiner Handlungen tragen muß. Es muß z. B. selbst aufwischen, wenn es die Milch umgestoßen hat usw. Ein Kind in einer Kampfbeziehung akzeptiert jedoch diesen Ausgangspunkt nicht und wird auf die Forderung, selbst aufzuwischen, sagen: «Das mach ich nicht.» – Das kannst du machen!» oder es beginnt den ganzen Fußboden aufzuwischen, so daß man nur mit Mühe dieses Aufwischen, um das man ja selbst gebeten hatte, beenden kann.

Andere Erwachsene haben es mit «festen, konsequenten Richtlinien» versucht. Dies führt zu festen, konsequenten Konflikten, weil das Kind weiß, wo es sich konsequent Aufmerksamkeit verschaffen kann. Davon bekommen die Erwachsenen, aber nicht das Kind genug.

Andere wiederum haben versucht, das unerwünschte Verhalten zu ignorieren. Wenn das Kind dann die Aufmerksamkeit haben will, muß es das unerwünschte Verhalten radikalisieren. Reagieren die Erwachsenen z. B. nicht darauf, daß «da ein Glas zu Bruch geht», dann ist beim nächstenmal vielleicht die Scheibe des Aquariums dran.

Körperliche Strafe wirkt auch nicht. Eltern, die versucht haben, sich aus einer Kampfbeziehung herauszuprügeln, blieb nur die Feststellung, daß das Kind in der Kampfbeziehung sich gegen Schmerzen gefühllos gemacht hatte. Zum Beispiel kann das Kind sagen: «Ha, ha, das tut doch überhaupt nicht weh!» oder «Wenn du fertig bist mit Prügeln, kannst du dann nicht...» Auf jeden Fall ist das Kind sich einer intensiv zuhörenden Erzieherin gewiß, wenn es später im Kindergarten erzählt, «was Vater tut, wenn wir daheim nicht einer Meinung sind». Die Wertung, die der Erzieher der väterlichen Handlung zukommen läßt, kann das Kind während der Bestrafung zitieren – wodurch der Vater dann verunsichert wird. Ein heftiges Wehren bei jeder lauten Äußerung kann die Bestrafung auch zu einem Problem werden lassen, besonders für den Erwachsenen.

Isolation ist häufig ein Mittel, zu dem ein verzweifelter Erwachsener greift. Daheim kann das Kind z. B. in sein Zimmer geschickt werden, im Kindergarten z. B. nach draußen, in die «Beobachtungsgruppe» oder ähnliches. Hier müssen die Erwachsenen jedoch häufig feststellen, daß das Kind noch mehr Aufmerksamkeit auf sich zu ziehen oder draußen noch mehr zu stören vermag. Dies geschieht häufig auf eine ganz raffinierte Art und Weise. Wenn die Mutter, die das Kind in sein Zimmer geschickt hat, z. B. ein etwas schlechtes Gewissen hat, weil sie «so hart» gewesen ist, kann sich das Kind still weinend hinsetzen (aber so, daß man es hören kann). Ist die Mutter z. B. sehr wütend gewesen und zufrieden mit ihrem festen Entschluß, kann das Kind in seinem Zimmer sitzen und es sich «unheimlich gemütlich machen». Die Erzieherin muß sich eingestehen, daß das Kind außerhalb des Raumes weit mehr stören kann als innerhalb, indem es z. B. immer wieder die Tür aufmacht und sagt: «Ich bin doch lieb, warum muß ich draußen stehen?» Oder es kann ins Zimmer nebenan gehen und dort sagen: «Sie hat mich hierhergeschickt», wenn es nicht vorzieht, sich die Aufmerksamkeit aller anderen Kinder durch das zu sichern, was es draußen vor dem Fenster anstellt und noch vieles mehr.

Der Erwachsene darf sich unter keinen Umständen einbilden, daß das Kind nun bereut und an Besserung denkt – im Gegenteil: Es plant vermutlich die nächste Runde. Es kann jedoch gut sein, daß das Kind so aussieht, als wenn es bereue. Wahrscheinlich ist dies ein Glied in dem Versuch, den Erwachsenen zu passivieren, so daß der Betreffende noch unvorbereiteter in der nächsten Runde ist.

Einige Erzieherinnen haben versucht, ein Kind, das «Amok lief», so lange festzuhalten, bis es «zur Ruhe gekommen» war. Ein Kind in einer Kampfbeziehung findet es nicht gerade unbefriedigend, daß sich der Erwachsene an es klammert. Es muß natürlich soviel zappeln, daß der Erwachsene es nicht zu schnell losläßt.

Auch diese pädagogischen Mittel haben den Effekt, daß sich das Kind im Zentrum der Aufmerksamkeit des Erwachsenen befindet (vielleicht auch der Aufmerksamkeit der anderen Kinder), auf Grund der Handlungen, die der Erwachsene zu unterbinden wünscht.

Belohnung

Manche Erwachsene versuchen zu loben oder erwünschte Handlungen mit irgend etwas zu belohnen, was das Kind gern hat. Zum Beispiel: «Wenn du das tust, dann bist du ein ganz lieber Junge.» – «Wenn du brav sitzen bleibst und ißt, dann darfst du nachher auch herunterkommen und spielen.» – «Wenn du brav mit nach Hause gehst, dann bekommst du ein…»

Die Reaktion des Kindes hierauf ist typisch: «Dann will ich ein Eis mit Negerkuß, und das will ich jetzt gleich haben.» – «Ich gehe nicht brav mit, bevor ich es nicht bekommen habe!» und ähnliches. Das Kind beginnt also, Forderungen nach dem zu stellen, was als Belohnung gedacht war, steigt in eine Diskussion über die Frage ein, ob die Belohnung vor oder nach dem erwünschten Verhalten «ausgezahlt» werden soll usw. Das Resultat ist auf alle Fälle erhöhte Aufmerksamkeit und noch mehr Diskussion, wenn das Kind seinen Teil der Abmachung nicht erfüllt, aber die Belohnung schon kassiert hat.

Allen beschriebenen pädagogischen Mitteln ist die Frage gemeinsam, wer bestimmt. Das Kind akzeptiert den Erwachsenen nicht in der bestimmenden Rolle und beginnt sofort einen Machtkampf. Der Nebeneffekt der Aufmerksamkeit ist ein absolut sicherer Zugewinn für das Kind. Je häufiger man diese Mittel im Umgang mit einem Kind in einer Kampfbeziehung anwendet, desto schlimmer wird die unerwünschte Situation (vergleichbar wäre, wollte man ein Feuer mit Benzin löschen). Wenn diese pädagogischen Mittel versagen, reagieren die Erwachsenen häufig damit, diese Mittel noch intensiver zu gebrauchen. Die Situation kann zusätzlich dadurch erschwert werden, daß die Mutter ihre Arbeit aufgibt, «um mehr Zeit für das Kind zu haben», oder daß ein spezieller Erzieher angestellt wird: Beide Maßnahmen sorgen dafür, daß noch mehr Zeit zum Diskutieren bleibt, zum Drohen, Warnen, Belohnen, Festhalten, für Isolation und ähnliches. Meist verschärft sich das Problem in solchen Fällen.

Wenn die gängigen pädagogischen Mittel nicht greifen, sondern im Gegenteil das Problem nur verschlimmern, wird dies als Zeichen dafür interpretiert, daß das Kind «unmöglich» ist. Außerdem erscheinen Kinder dann als «unregierbar», d. h., die normalen Mittel der Lenkung wirken bei ihnen nicht.

Mit den üblichen pädagogischen Vorgehensweisen läßt sich eine Kampfbeziehung also nicht beenden. Das belegt auch unsere Praxis.

Aus diesen Gründen lassen sich Kinder in einer Kampfbeziehung häufig in Tagesstätten nicht «halten» und nur ausnahmsweise in Schulen. Führt dies jedoch dazu, daß das Kind aus dem Elternhaus, der Tagesstätte oder der Klasse entfernt wird, dann hat dieser Schritt statt einer Änderung der Kampfbeziehung ernsthafte Folgen für die weitere Persönlichkeitsentwicklung des Kindes.

Folgen für die Persönlichkeitsentwicklung des Erwachsenen

Es kann alle Kräfte fordern, der Erwachsene in einer Kampfbeziehung zu sein. Diese Beziehung ließe sich sehr schnell dadurch lösen, daß das Kind von zu Hause fortgeschickt wird, wenn die Kampfbeziehung nicht gerade dadurch entstünde, daß die Eltern häufig sehr engagierte Erzieher sind und bereitwillig unglaublich viel investieren, um das Problem zu lösen. Sie wären übrigens kaum in diese Situation gekommen, wenn diese Disposition nicht gegeben gewesen wäre. Es kann deshalb nicht verwundern, daß sie, wenn es trotzdem schiefgeht, hiervon sehr stark beeinflußt werden und daß diese Tatsache ihre ganze Lebenssituation und ihre Auffassung von sich selbst und anderen beeinflußt.

Wie Kinder werden auch Erwachsene von ihren Erfahrungen beeinflußt, natürlich auch von den Erfahrungen, die sie im Zusammenleben mit ihren Kindern machen. Wir möchten im folgenden einige der Konsequenzen beschreiben, die es für die Persönlichkeitsentwicklung des Erwachsenen haben kann, in eine Kampfbeziehung zu einem Kind verwickelt zu sein.

Durch die Erfahrungen mit dem Kind wird der Erwachsene allmählich daran gewöhnt, daß er mit seinem Kind, gegen sein Kind und mit Hilfe seines Kindes nichts unternehmen oder durchsetzen kann. Aus diesen Erfahrungen heraus wird beim Erwachsenen nach und nach ein *Gefühl der Machtlosigkeit* immer vorherrschender.

Natürlich untersucht er dann, wie er sich in einer solchen Situation *einrichten* kann.

Dauert es z. B. mindestens eine Stunde, morgens das Kind anzuziehen, dann muß man eine Stunde früher aufstehen. Kann man das Kind nicht dazu bringen, die Treppe hinaufzugehen, ohne daß man selbst wie ein Hund hinaufkrabbelt, dann muß man das eben tun, denn «hoch muß man ja».

Der Erwachsene, der noch nicht aufgegeben hat, geht häufig zu einer Planung über, die mehr von *Hoffnung* geprägt ist, als daß sie von *Selbstverständlichkeiten* ausgeht. Man hofft, daß das Mittagessen ruhig abläuft, daß man ein nettes Wochenende verbringt, daß das Kind einschläft, wenn man es zugedeckt hat – aber nichts wird für sicher gehalten.

Allmählich wird es auch normal, daß man zu einer Planung übergeht, bei der man die schlimmsten Situationen zu *vermeiden* trachtet. «Man weiß ja, was passiert, wenn man seine unschönen Eßgewohnheiten kommentiert!» oder «Wenn man ihm verbietet, einen Film im Fernsehen anzuschauen, auch wenn er für Kinder nicht geeignet ist, dann…» usw. – «Man muß es ja nicht selbst provozieren.»

«Man weiß ja, was passiert, wenn man ihn mit zu Besuch nimmt oder wenn man Besuch hat.» Viele Eltern mit Kindern in einer Kampfbeziehung geraten oft in *soziale Isolierung*, denn: «Man möchte ja gerne alle Parteien schonen.» und: «Es kann zu einer Art Alptraum werden, mit ihm in öffentlichen Verkehrsmitteln zu fahren.» Die Eltern schränken also auch ihre Beweglichkeit auf das absolut Notwendige ein. Der hieraus resultierende Rückzug und das Gefühl der Einsamkeit können das Leben der Eltern beherrschen.

Wiederholen sich diese Erfahrungen, dann *nimmt* mit der Zeit *der Glaube an die eigene Bedeutung ab*. Dies kann auch auf andere Gebiete übertragen werden. Zum Beispiel kann dem Erwachsenen in Arbeitssituationen (die häufig schon als solche aufreibend sind) das Gefühl, «nicht zu genügen», bestätigt werden, unter anderem, weil er müde zur Arbeit kommt und weil ihn der Eindruck, «zu kurz zu kommen», der ihn von zu Hause begleitet, auch bei der

Arbeit nicht verläßt. Noch schlimmer wird es, wenn man seine Arbeit aufgibt, «um sich mehr um das Kind zu kümmern». Die Bestätigung der eigenen Bedeutung und die Kontaktmöglichkeiten mit anderen werden durch diesen Schritt vielleicht völlig aufgegeben, man riskiert, in Isolation zu geraten und nur noch Niederlagen einstecken zu müssen.

Die Reaktionen hierauf zeigen eine gewisse Spielbreite. Einige Erwachsene resignieren oder finden sich mit ihrem «Schicksal» ab. Andere beginnen Erklärungen dafür zu finden. Zum Beispiel: «So war schon sein Vater.» – «Das passiert nur, weil es von seinen Großeltern so verwöhnt wird.» – «Es ist klar, unser Kind ist nicht daran gewöhnt, mit so vielen Kindern zusammenzusein.» Der Erwachsene benutzt diese Erklärungen, um sich leichter damit abfinden zu können, daß die Situation nun einmal *nicht anders sein kann*.

Die Erwachsenen können auch ganz einfach *die Existenz des Problems* bestreiten. Mit anderen Worten: Die Erwachsenen schützen sich dagegen, peinliche Situationen erkennen oder erleben zu müssen, «die man ja sowieso nicht ändern kann». So verhält sich zum Beispiel die Mutter, die einfach nicht mehr bemerkt, daß sie in der letzten halben Stunde dagesessen und ihr Kind aufgefordert hat, mit dem aufzuhören, was es immer noch tut. Die übliche Aussage der Eltern: «Wir haben keine Probleme», kann so gesehen Ausdruck dafür sein, daß Resignation und Verteidigung bis ins Extrem getrieben sind.

Die oben beschriebenen Verhaltensweisen gelten besonders für Eltern, sie können aber auch in starkem Maße bei engagierten Erzieherinnen und Lehrern vorkommen, die in eine Kampfbeziehung zu einem Kind geraten sind.

Zeichen von Streß oder Überlastung können für diese Gruppe von Erwachsenen gleichfalls als normal gelten. Müdigkeit, Schlaflosigkeit, Rastlosigkeit, Konzentrationsmängel kommen häufig vor. Auch psychosomatische Reaktionen, wie z. B. Kopfschmerzen, sind üblich.

Verständlicherweise atmen die Erwachsenen in Stunden, wo ihnen die Verantwortung für das Kind abgenommen ist, erleichtert auf. Charakteristisch aber für sie ist, daß diese Erleichterung bei ihnen Schuldgefühle auslöst, da sie gleichzeitig sich ständig überlegen, was sie für das Kind tun können. Ein Kennzeichen der Erwachsenen, die in einer Kampfbeziehung zu einem Kind stehen, ist das, was man «Ambivalenz» nennt. Üblicherweise sind sie in ihren Schuldzuweisungen schwankend: Wenn sie mit dem Kind zusammen sind, meinen sie, es sei das Kind, mit dem etwas nicht «stimme». Wenn sie von dem Kind befreit sind, beginnen sie zu überlegen, ob sie es nicht selbst sein könnten, mit denen etwas nicht «stimmt».

In jeder Zweierbeziehung gibt es kleine Unstimmigkeiten, unter anderem über Kindererziehung. Für so etwas hat ein Kind in einer Kampfbeziehung einen ausgesprochen klaren Blick. Kleinigkeiten können in diesem Zusammenhang zu wirklich ernsten Problemen werden. Besteht zum Beispiel Uneinigkeit darüber, wie fest man an der Schlafenszeit festhalten soll, ist es allgemein üblich, daß der Vater, wenn er meint, die Zeit sei wesentlich überschritten, auf eine Weise zu reagieren beginnt, daß die Mutter es für notwendig hält, ihn zu besänftigen und das Kind zu trösten, während er nun meint, es sei notwendig, noch fester auf die Erfüllung der Forderung zu pochen, da die Mutter ja so «weich und nachgiebig» ist. Die Mutter hat dadurch noch mehr Grund, das Kind zu «beschützen» usw. Wenn das Kind dann endlich im Bett ist, verbringen die Eltern eventuell den Rest des Abends mit Streit, statt in Frieden beisammen zu sein. Die Eltern kompensieren auf diese Weise häufig ihre Unsicherheit gegenüber dem Partner und treiben mit der Zeit einen immer tieferen Keil zwischen sich.

Scheidungen als Folge von Kampfbeziehungen sind eher die Regel als die Ausnahme. Wenn man nicht schon alleinerziehender Elternteil ist, so wird man es sehr leicht durch eine Kampfbeziehung.

Die Mutter (wie es meist der Fall ist) erlebt auch, daß die gleiche Situation sich auch bei neuen Partnern wieder einstellt, oder daß diese sich zurückziehen, wenn sie erlebt haben, was sich zwischen Mutter und Kind abspielt. Hat die Mutter dies einige Male mitgemacht, bleibt ihr die Wahl zwischen einem unerträglichen Leben mit dem Kind oder einem Leben mit dem Mann, in den sie sich verliebt hat. Die meisten Mütter wählen anscheinend ersteres.

Auf ähnliche Weise bekommen oft auch Erzieherinnen oder Lehrer Probleme mit Kolleginnen/Kollegen wegen eines Kindes in einer Kampfbeziehung.

Der Erwachsene in einer Kampfbeziehung zu sein, ist eine entnervende Sache. Daß diese Erwachsenen als machtlos, unsicher, defensiv usw. auffallen können, ist häufiger eine Folge der Kampfbeziehung als ihre Voraussetzung, ebenso wie es Alleinerziehen und Arbeitslosigkeit sein können. Wohlgemerkt, hier ist die Rede von Eltern, die ihr Kind weder vernachlässigt noch unterdrückt haben – im Gegenteil. Wenn sie das getan hätten, sähen die Probleme mit ihrem Kind ganz anders aus. Meist haben Geschwister von Kindern in Kampfbeziehungen keine Probleme. Die Erwachsenen haben sich jedoch Probleme mit ihrer eigenen Persönlichkeitsentwicklung zugezogen, an denen man ansetzen und die man analysieren muß, wenn es gelingen soll, sie aus einer Kampfbeziehung «zu befreien».

Der Zusammenhang der Kampfbeziehungen mit den Lebensumständen

Die Regeln, nach denen die Erwachsenen ihr tägliches Leben einrichten, verleihen Sicherheit für die Erzieherrolle und sind zugleich für die Verletzlichkeit in dieser Rolle verantwortlich. Sie entscheiden darüber, wie sie sich zu den Bedürfnissen ihrer Kinder und wie die Kinder sich zu den Bedürfnissen der Erwachsenen verhalten können.

In den letzten zehn Jahren hat die Zahl derjenigen, die Rat suchen, weil sie mit ihren Kindern in (nach unseren Begriffen) Kampfbeziehungen stecken, auffällig zugenommen. Dies muß im Zusammenhang mit den Lebensumständen gesehen werden. Wir möchten im folgenden etwas genauer darauf eingehen, wie in diesem komplizierten Zusammenhang die früher erwähnten Verletzlichkeiten der Erwachsenen in Kampfbeziehungen verknüpft sind mit Aspekten der Gesellschaft und den Lebensbedingungen, die die Gesellschaft den «Erziehern» bietet.

Müdigkeit und Abgehetztsein

Der Alltag der Erwachsenen ist geprägt durch Trennungen und Aufteilungen, die sowohl die Zeit als auch den Ort betreffen. Besonders die Aufteilung in Arbeit und Freizeit beherrscht ihr Leben.

Das Arbeitsleben seinerseits ist aufgeteilt in Zeitintervalle, die durch den Arbeitsprozeß bestimmt sind. Oft sind die Zeitintervalle so eng bemessen, daß etwas «auf die Minute» geschehen muß.

Jeder Tag ist außerdem aufgeteilt auf mehrere unzusammenhängende Aufenthaltsorte, wie z. B. das Zuhause, den Arbeitsplatz (der für einige sogar an mehreren Orten lokalisiert ist), den Aufenthaltsort des Kindes, verschiedene Orte für Einkäufe, Besuche bei Familie oder Freunden, die weit entfernt wohnen, Teilnahme an den unterschiedlichsten Freizeitaktivitäten oder Treffen, Wochenendaufenthalte, Ferien an anderen Orten usw. Ein zunehmender Teil des Lebens wird auf diese Weise für den Weg zwischen den verschiedenen Örtlichkeiten geopfert, wobei man Beziehungen mit unterschiedlichen Gruppen von Menschen eingeht, die sich nur selten überlappen oder deren Mitglieder einander genauer kennen.

Wie lange man sich an den verschiedenen Orten aufhält, steht in keiner Beziehung zu dem, was dort geschieht, sondern es ist durch einen vorher festgelegten Zeitplan bestimmt. Dies bedeutet, daß man häufig in die Situation gerät, eine Aktivität unterbrechen zu müssen, die gerade gut läuft: «Ich muß mich leider beeilen, ich muß noch...» ist ein täglich wiederkehrendes Erlebnis, das Frustration bedeutet. Umgekehrt kommt man täglich in die Lage, aufgrund eines Zeitplanes warten und «die Zeit totschlagen» zu müssen. Ebenfalls ein frustrierendes Erlebnis. Derartige Situationen führen zu einer speziellen Form der nicht ausgelebten / nicht verarbeiteten Müdigkeit, die man «Streß» nennen kann (leichte Zerfahrenheit).

Die Zeitstruktur des Arbeitslebens bringt es mit sich, daß die Freizeit notwendigerweise «eingerichtet» werden muß, so daß sie sich den zeitlichen Bedingungen des Arbeitslebens anpaßt. Dies bedeutet, daß auch die Freizeit als Zeit für Ferien, Besuche, Fernsehen, Treffen usw. strukturiert wird. Von dieser täglichen, zeitdominierten Erlebnisweise befreit man sich nur schwer, auch in den wenigen Stunden, wo sie nicht notwendig ist.

Die Zeit tritt auf diese Weise als steuerndes Element in das Bewußtsein der meisten Menschen. Die Angst, nicht zu schaffen, was man rechtzeitig schaffen muß, ist durchgängig.

Selten bleibt Platz für einen natürlichen Lebensrhythmus. Selten geht jemand an den Strand, weil er Lust zum Schwimmen hat; ißt, weil er hungrig ist; geht ins Bett, weil er müde ist; steht auf, weil er ausgeruht ist; beendet die Arbeit, weil er fertig ist oder damit eine gute Arbeitsleistung feiert usw.

Selbstverständlich bleiben Schwierigkeiten nicht aus, wenn diese abstrakte Aufteilung des Lebensprozesses auf das Kind übertragen werden soll. Man könnte auch sagen, es schafft Probleme, wenn das Kind in diese Strukturierung eingeführt, ihr unterworfen werden soll. Man ist als Erwachsener bereit, vieles zu tun, woran man sonst nicht gedacht hätte, damit dieser Prozeß gelingt – und das muß man auch, wenn man sich in einer Kampfbeziehung mit seinem Kind befindet.

Schuldgefühle

Im allgemeinen sind die Eltern – wenn beide arbeiten – zusammen mehr als 80 Stunden in der Woche von zu Hause abwesend. Die Zeit, die der Familie täglich für Gemeinsamkeiten bleibt, umfaßt häufig nur die Stunden von 6.30–7.30 Uhr und von 17.30–20.30 Uhr (Schlafenszeit der Kinder). Dazu kommen noch die Wochenenden und die Ferien, in denen die Kinder ihr drängendes Bedürfnis nach gemeinsamen Beschäftigungen befriedigen können.

Die täglichen Perioden des Beisammenseins sind davon geprägt, daß alle Familienmitglieder nach der Arbeit müde sind und daß die verschiedensten praktischen Aufgaben erledigt werden müssen, z. B. Essenmachen, Saubermachen, Wäschewaschen und ähnliches. Die Erwachsenen werden deshalb in diesen wenigen Stunden oft etwas anderes lieber tun, als sich um die Bedürfnisse des Kindes zu kümmern. Dies kompensieren sie mit Schuldgefühlen. Diese Schuldgefühle bewirken, daß man zurückhaltend auf Forderungen reagiert, wonach Kinder an praktischen Arbeiten wie Essenmachen und Abwaschen sich beteiligen sollen (was außerdem zu Beginn noch mehr Zeit erfordern würde). Das Beisammensein mit den Kindern wird deshalb zusätzlich geprägt durch Spielen mit und für die Kinder, Vorlesen und ähnliches. Die natürlichen Forderungen des Kindes nach Gemeinsamkeit mit den Eltern wird so von diesen sehr leicht in eine Extraverpflichtung verwandelt, der sich zu entziehen ein schlechtes Gewissen schafft. Das Gefühl des Kindes für die eigene Bedeutung wird auf diese Weise durch das elterliche Opfer bestätigt und nicht durch das Mitwirken an den familiären Aufgaben.

Da die meisten Kinder als Einzelkinder aufwachsen, ohne Geschwister, die einen natürlichen Teil der kindlichen Beschäftigung ausmachen können, sind die Eltern daheim die einzige Kontaktmöglichkeit des Kindes. Die reale Abhängigkeit des Kindes von den Erwachsenen – zum Beispiel wenn es um die Fahrt zu Spielkameraden oder um ähnliches geht – wird schnell auf Gebiete übertragen, wo die Kinder in Wirklichkeit sehr gut selbst zurechtkommen könnten: An- und Auskleiden, Waschen und ähnliches. Hierdurch entstehen zusätzliche Konfliktmöglichkeiten zwischen Kind und Erwachsenem, die sich wieder in Schuldgefühlen äußern usw.

Trotzdem bedeutet es für viele Erwachsene ein Ideal, den Kindern in stärkerem Maß zur Verfügung stehen zu können. Wenn dann noch psychologische und pädagogische Argumente dazukommen, die das große Bedürfnis des Kindes nach engem Kontakt zu den Erwachsenen betonen, gibt es viele, die das Gefühl haben, sie verrieten ihre Kinder. Befindet man sich in einer Kampfbeziehung zu seinem Kind, hat man kaum eine Chance, diesem Gefühl zu entgehen.

Toleranz für Notwendigkeiten

Die meisten Erwachsenen sind durch ihre Teilnahme am Arbeitsleben daran gewöhnt, Dinge zu tun, deren Ziel sie selbst nicht unmittelbar einzusehen vermögen. Ihre Arbeitsleistung geht als ihr besonderer Teil in einen zusammengesetzten und komplizierten Produktionsprozeß ein, deshalb ist es so wichtig, die vorgeschriebenen Forderungen zu erfüllen. Aus diesem Grund gibt es auch nur einen engen Spielraum für die selbständige Organisation der Arbeit und für die Einschätzung, ob die eigene Leistung so wirkungsvoll und nützlich ist wie beabsichtigt. Die meisten sind daran gewöhnt, sich den Normen, Standards und Vorschriften anzupassen, auch wenn sie deren Funktionen und Berechtigung gar nicht unmittelbar einschätzen können; sie haben überdies nur geringe Möglichkeiten, selbständig Stellung zu nehmen, Einfluß auszuüben oder Bewertungen vorzunehmen. Sie müssen Toleranz für etwas entwickeln, das offenbar «notwendig» ist, wenn auch meist aus keinem anderen Grund als dem einen, ihre Arbeit zu behalten – was bei der Gefahr der Arbeitslosigkeit noch notwendiger wird.

Dieses «Training in Notwendigkeiten», bei dem man keine Fragen stellt, wird leicht auf das übrige Leben übertragen, auch auf den Umgang mit Kindern. Viele Handlungen Kindern gegenüber werden vollzogen, ohne ihre Zweckmäßigkeit und ihre Wirkung zu bedenken. Ob sie wirkungslos oder vielleicht unzweckmäßig sind im Verhältnis zu den Absichten, die man dem Kind gegenüber verfolgt, wird erst relativ spät festgestellt. In einer Kampfbeziehung gibt es dann kaum Hinderungsgründe dafür, daß das Kind nach eigenem Gutdünken unbezweifelte Notwendigkeiten einführen kann.

Verständnisweise

Heute ist ein Großteil der Bevölkerung mit der Steuerung und Erhaltung mechanischer Vorgänge sowie mit Verwaltung, Registrierung und Verteilung beschäftigt.

Wenn man mit Mechaniken zu tun hat, ist es notwendig, daß man die Ursache oder den «Fehler» findet, wenn eine Mechanik nicht so funktioniert, wie man es wünscht. Das bedeutet unter anderem, daß eine Vorstellung von Ursache und Wirkung Voraussetzung ist, um die Arbeit zu beherrschen.

Wenn man Verwaltungsaufgaben erledigt, muß man wissen, wer recht / nicht recht hat, wer Schuld / nicht Schuld hat usw. Mit anderen Worten: juristische Überlegungen zur Gerechtigkeit rücken bei vielen Menschen in den Mittelpunkt der Ausübung ihres Berufes.

Auch auf andere Weise werden Eltern und nicht zuletzt Pädagogen dazu gebracht, ein Ursache-Wirkung-Modell für die Handlungen von Kindern und für deren Gefühle zu übernehmen. Große Teile der Psychologie und der Pädagogik sind vom Ursache-Wirkung-Denken geprägt, das behauptet, alle Handlungen von Menschen und ihre Gefühle könnten von den Ursachen her verstanden werden.

Der Status im Beruf und die Ausbildung prägen die Art, in der man denkt und die Welt versteht. Die Gedankengänge, die bei der täglichen Ausübung des Berufs notwendig und üblich sind, lassen sich sehr schwer auf diese Sphäre begrenzen, sie breiten sich auch in andere Lebensbereiche aus, z. B. auf den Umgang mit Kindern. Ursache-Wirkung-Denken, das sogenannte wissenschaftliche Denken, führt so dazu, daß Eltern dazu neigen, sich intensiver mit der Frage zu befassen, warum Thomas traurig ist oder «das getan hat», als damit, wie man Thomas dazu bringen kann, nicht mehr traurig zu sein oder sich mit etwas anderem zu beschäftigen. Entsprechend führt juristisch-administratives Denken dazu, daß man sich ungemein dafür interessiert, wessen «Schuld» es ist, daß Thomas traurig ist, und ob es denn berechtigt ist, daß er traurig ist. Wie man seine Stimmung ändern kann, interessiert dagegen weit weniger. Thomas braucht aber gerade deswegen den Erwachsenen, damit ihm in seiner Situation geholfen wird und nicht, damit sie bewertet wird.

Um seine Selbsteinschätzung als rational, verständnisvoll, legitimiert und gerecht zu bewahren, muß der Erwachsene in einer Kampfbeziehung sehr viel Zeit und Energie in die Analyse der Einfälle des Kindes investieren.

Verantwortung

In unserer Gesellschaft können die Kinder nicht die Voraussetzungen erfüllen, um für ihre eigene Sicherheit zu sorgen. Ganz drastisch zeigt sich dies im Straßenverkehr: Hier ist es für Kinder lebensgefährlich, sich allein zwischen ihren, im Lauf eines Tages wechselnden Aufenthaltsorten zu bewegen oder allein draußen zu spielen. Dies schränkt die Bewegungsfreiheit der Kinder innerhalb ihres Lebensraums ein, es sei denn, die Erwachsenen kommen ihnen zu Hilfe.

Auch das Zuhause ist ein gefährlicher und unüberschaubarer Aufenthaltsort für Kinder geworden. Viele Dinge, wie Elektrizität, Balkone, Plastiktüten, Haushaltsgeräte, Chemikalien usw. können lebensgefährlich sein. Erwachsene müssen jedoch nicht nur die Kinder vor wirklich gefährlichen Dingen schützen, es ist gleichzeitig ihre Aufgabe geworden, auf viele Dinge zu achten, damit sie nicht zum Gegenstand für den natürlichen Forschungsdrang der Kinder werden. Stereoanlage, Fernsehgerät, elektrische Haushaltsgeräte und ähnliches gehen schnell kaputt, wenn sich Kinder damit beschäftigen. Man kann diese Dinge außerdem nicht selbst reparieren, Reparaturen sind zudem oft teuer, wenn es überhaupt noch möglich ist, etwas zu reparieren.

Vor diesem Hintergrund kann selbst ein unglücklicher Zufall schnell das Ausmaß einer Katastrophe annehmen. Die Verletzung oder der Tod eines Kindes können so leicht als etwas erscheinen, das möglicherweise vermeidbar gewesen wäre, wenn der Erwachsene aufmerksamer und schneller zur Stelle gewesen wäre. Passiert etwas in dieser Art, wird es für den Erwachsenen noch schwerer zu ertragen, als wenn auf Grund der Umstände ihn keine Verantwortung treffen kann.

Wenn der Erwachsene die Verantwortung für die Sicherheit des Kindes wahrzunehmen versucht, hat das Kind schnell einen warnenden und korrigierenden Erwachsenen vor sich, der sich ständig störend in die Experimente des Kindes einmischt.

Neben der Sorge um die Sicherheit tragen die Eltern die Verantwortung dafür, daß es dem Kind auch auf längere Sicht gutgehen wird, unter anderem in der Schule. Die hohe Jugendarbeitslosigkeit unterstreicht diese Verantwortung. Die Schulkenntnisse der Eltern sind veraltet, es fällt ihnen häufig schwer, die Aufgaben zu begreifen, mit denen das Kind konfrontiert ist. Die Wahrnehmung der elterlichen Verantwortung entwickelt sich deshalb schnell zu bloßem Geschimpfe darüber, wann und wie lange das Kind arbeiten soll.

Es ist vielleicht nicht verwunderlich, daß ein Kind in einer Kampfbeziehung darauf verzichtet, Verantwortungsgefühl zu entwickeln, wenn es erlebt, wie schwer der Erwachsene mit seinem Verantwortungsgefühl zurechtkommt.

Die Vorstellung von Normalität

Die verschärfte Konkurrenz um die zu wenigen Arbeitsplätze führt dazu, daß die sogenannten Normalen die größte Chance haben. Die Aufmerksamkeit konzentriert sich deshalb auf die Normalität, hierbei auf das «Normale für die Altersgruppe»; jede Abweichung davon versucht man zu vermeiden, sie ist Anlaß zur Sorge.

In der Primar- und Sekundarstufe 1 ist die Anzahl der Sonder- und Stützkurse ganz beträchtlich gestiegen. Eine zunehmende Zahl von Schülern wird diesen Sonderveranstaltungen zugewiesen, damit sie zu einem späteren Zeitpunkt wieder in sogenannte Normalklassen integriert werden können.

Gelingt es nicht, die Normvorstellungen zu erfüllen, drohen später Arbeitslosigkeit, Sozialhilfe oder Invalidenrente, das Leben in Heimen oder ähnliches. Diese Aussichten beunruhigen Eltern und Erzieher, wenn sie den Verdacht haben, ihre Kinder erfüllten auf die eine oder andere Weise nicht die Forderungen des «Normalen für ihr Alter». Daß das Kind «normal» ist oder «zurechtkommt», wird auf diese Weise in der Erziehung zu einem Ziel an sich.

Vor diesem Hintergrund bemerkt man auch Kleinigkeiten und läßt sich als Erwachsener von ihnen beunruhigen. Die meisten Erzieherinnen und Pädagogen kennen außerdem die diagnostischen Zeichen für Abweichungen sehr gut und achten auf sie. Ausdrücke aus der psychologischen Diagnostik gehören mittlerweile schon zum kindlichen Vorrat an Schimpfwörtern.

Viele Erlebnisse und Erfahrungen der Erwachsenen aus ihrer eigenen Kindheit werden verdrängt, wenn sie auf irgendeine Weise mit den heutigen Auffassungen von Normalität in Konflikt geraten. Dies schränkt die Möglichkeiten ein, sich in etwas einzufühlen, was im Kind vor sich geht. Das Kind erscheint dadurch als unverstehbar und folglich als beunruhigend.

Diese Fremdheit im Kontakt macht es für den Erwachsenen noch schwieriger, in der Beziehung zu einem Kind sinnvoll zu handeln.

Für ein Kind in einer Kampfbeziehung existiert daher ein leichter und sicherer Weg, die Aufmerksamkeit des Erwachsenen auf sich zu ziehen: Es tut etwas, was dieser nicht versteht.

Das Renommee als Erzieher

In unserer Gesellschaft haben zwei Gruppen quantitativ stark zugenommen, die besonders sensibel auf ihr Renommee als Erzieher achten. Die eine Gruppe sind die Erzieher, deren berufliche Kompetenz sich darauf stützt, inwieweit sie andere dazu bringen können, ihre Bestrebungen im Zusammenleben mit Kindern zu respektieren. Unter dem Eindruck der Polemik, die von gewissen Teilen der Gesellschaft gegen Pädagogen im allgemeinen, gegen ihre Notwendigkeit und die Berechtigung ihrer Ausbildung geführt wird, reagieren viele Pädagogen äußerst empfindlich auf das Urteil Außenstehender über ihre Fähigkeiten im Umgang mit Kindern. Dies gilt nicht zuletzt dann, wenn sie selbst die Elternrolle innehaben.

Die andere Gruppe ist die wachsende Zahl derjenigen, die für ihr Überleben auf Sozialhilfe angewiesen ist und die sich deshalb Kontrollen unterwerfen muß. Bekommt die Öffentlichkeit eventuell durch Nachbarn, Kindergarten, Schule oder auf anderen Wegen Kenntnis davon, «daß sie als Eltern versagen» oder «ihre Kinder nicht erziehen können», werden Maßnahmen eingeleitet, die häufig als zudringliche Schnüffelei und kränkende Eingriffe in das Recht auf Privatleben erlebt werden. Arbeiten diese Eltern dabei nicht mit den Behörden zusammen, müssen sie fürchten, daß «Freiwilligkeit» in «Auflagen» umgewandelt und am Ende die Behörde in ihr Elternrecht eingreifen wird.

«Wie sich die Kinder aufführen, fällt ja wohl immer auf die Eltern zurück.» Wenn man nur ein Kind oder wenige Kinder hat, werden die Verhaltensweisen eines Kindes noch wichtiger für das Renommee der Eltern. Gehört man einer der eben genannten Gruppen an, wird es außerordentlich wichtig, wie sich das Kind und wie man sich selbst benimmt – besonders, wenn andere anwesend sind.

Vor diesem Hintergrund hat man als Erwachsener in einer Kampfbeziehung nicht nur Probleme, wie man sich gegenüber seinem Kind, sondern auch wie man sich der Öffentlichkeit gegenüber verhalten soll. Diese Situation läßt das Kind natürlich nicht unbemerkt verstreichen.

Das Bedürfnis nach Anerkennung

Die «Lebensgruppe» besteht in unserer Gesellschaft aus höchstens zwei Erwachsenen, häufig jedoch nur einem, sowie einem oder zwei, selten mehr Kindern. Die Erwachsenen sind jeder für sich in der Lage – und im übrigen gezwungen –, das für den Lebensunterhalt Notwendige zu verdienen. Die Öffentlichkeit kann im gegebenen Fall für die Alten, die Kranken, die Kinder und jene Eltern sorgen, die eventuell allein nicht in der Lage sind, zu ihrem Lebensunterhalt beizutragen. Man ist also materiell nicht voneinander abhängig. Die verkleinerte Lebensgruppe ist überdies oft von der näheren Umgebung wie Nachbarn, Geschäften und ähnlichem isoliert, zu denen man in der Regel nur sehr oberflächliche Kontakte unterhält.

So sind es meist nur Gefühlsbindungen, die die kleine Lebensgruppe zusammenhalten, die gleichzeitig für ihre Mitglieder jedoch von vitaler Bedeutung ist, weil sie die Bedürfnisse nach Anerkennung und Bestätigung befriedigt. Da sie so klein ist, wird der Beitrag jedes einzelnen Mitglieds hierzu – auch der des Kindes – lebenswichtig für die anderen. Jeder einzelne besitzt daher auch die Möglichkeit, die «Stimmung» zu trüben.

Diese Familiensituation umrankten außerdem noch Mythen, wonach das Familienleben harmonisch zu sein hat. Wenn die Wirklichkeit diesen Mythen nicht entspricht, entstehen Gefühle der Frustration, der Unzulänglichkeit gegenüber sich selbst und anderen. Kommen hierzu noch die Vorgaben für ein friedliches Privatleben und die Auflage, seine privaten Konflikte nicht nach außen zu tragen, wird das Problem der Mythen nicht nur individualisiert, sondern auch privatisiert, da sie nicht mehr durch die Wirklichkeit korrigiert werden können. Wenn das Kind nicht den Mythen entspricht, ist demnach das Kind das Problem, nicht die Mythen.

Kinder in Kindergärten oder Schulen zu beaufsichtigen oder zu unterrichten, heißt, sie mit einigem Nachdruck dazu zu bringen, etwas zu unternehmen, was ihnen nicht als unmittelbar notwendig einleuchtet, was stark den Charakter von Trainings- oder «Als-ob»-Aktivitäten hat. Da die Pädagogen heute nicht mehr die Zwangsmittel der Vergangenheit (körperliche Züchtigung usw., die ja andere Probleme schuf) zur Verfügung haben, beruht die Mitwirkung der Kinder an den «Als-ob»-Aktivitäten in starkem Maße darauf, wie weit die Pädagogen die Kinder dazu bewegen können, sich selbst und damit ihre eigenen Handlungen zu akzeptieren. Dafür gibt es den schönen Begriff «Motivation».

Auf diese Weise werden sowohl Erzieherinnen als auch Lehrer in ihrem Beruf davon abhängig, ob sie die Zustimmung der Kinder erreichen. Ein Kind in einer Kampfbeziehung läßt eine solche Möglichkeit nicht ungenutzt vergehen.

Die Vorstellung von den Bedürfnissen des Kindes

Die Eltern von heute stammen aus Familien mit wenigen Geschwistern. Nur wenige haben als Kinder geholfen, auf die Geschwister oder die Nachbarskinder aufzupassen. Sie stehen dieser Aufgabe also zum erstenmal gegenüber, wenn sie Eltern werden. Dazu kommt, daß die wenigen Erfahrungen, die sie eventuell mit Kindern gemacht haben, häufig mehrere Jahre zurückliegen und deshalb unzeitgemäß zu sein scheinen, was seinen Grund in der schnellen Veränderung der Gesellschaft hat. Die meisten Eltern besitzen deshalb nur wenig Erfahrung und wenig Gespür für Kinder und für deren Art, die Welt zu erleben. Darüber hinaus distanzieren sich viele von der Erziehung, die sie selbst genossen haben, ohne daß ihnen klar würde, was sie statt dessen tun wollen.

Viele Eltern versuchen dieser Unsicherheit abzuhelfen, indem sie sich über die Entwicklung des Kindes, dessen Bedürfnisse, Ernährung, Betreuung usw. informieren. Dies geschieht hauptsächlich durch Zeitungen und Zeitschriften; nicht zuletzt ist für sie die Standardliteratur über Kindererziehung unentbehrlich. Nur in seltenen Fällen «leiht» man sich die Kinder der Nachbarn oder die der eigenen Geschwister für eine gewisse Zeit. Auf diese Weise entwickeln Eltern ein objektivierendes Verhältnis zu Kindern, sie erleben das Kind als etwas Besonderes, demgegenüber die eigenen Möglichkeiten des Einfühlens weder unmittelbar angewendet werden können noch ausreichen.

Hierdurch werden die Eltern leicht zu Opfern diverser Mythen über Kinder, zum Beispiel der Mythen vom «unschuldigen Kind», vom «spontanen Kind, das in der Gewalt seiner Gefühle lebt» und ähnlichem.

Die Angst der Eltern, den Kindern keine optimalen Bedingungen des Aufwachsens zu bieten, reduziert ihre Möglichkeiten, sich kritisch und selbständig gegenüber dem überwältigenden Angebot des Marktes zu verhalten, der «notwendige» Betreuungs- und Beschäftigungsmaterialien anbietet.

Auch Kinder sind heutzutage etwas, das man sich «anschafft», wenn man es sich leisten kann und Zeit dafür hat und wenn es im übrigen in die Lebenssituation hineinpaßt. Sie sind nicht einfach etwas, was kommt und was man in seinem täglichen Leben braucht. Alles in allem steht die Anschaffung eines Kindes als etwas da, das man mit der Anschaffung anderer, teurer Freizeitgüter (wie einem Boot, einem Ferienhaus und ähnlichem) vergleichen kann. Zum Kind muß eine besondere Ausstattung angeschafft werden, die man sonst nicht gebrauchen kann. Auf diesem Gebiet ist der Erfindungsreichtum der Spielwarenindustrie und der Kinderausstatter bemerkenswert groß.

Die fehlenden Erfahrungen der Eltern, so läßt sich zusammenfassend sagen, werden durch sekundäres Wissen ersetzt. Die eigenen Möglichkeiten des Einfühlens und Bewertens von Situationen werden vernachlässigt; die Anschaffungen dessen, was ein Kind braucht, richten sich oft an Marktinteressen aus. All dies trägt dazu bei, eine Fremdheit entstehen zu lassen, die das Kind zum Gegenstand und zum Mythos machen kann. Für ein Kind in einer Kampfbeziehung bietet sich hier willkommenes Material.

Wir haben hier im Blick auf bestimmte Verletzlichkeiten, die nach unseren Erfahrungen häufig bei Eltern mit Kindern in Kampfbeziehungen zu finden sind, einige Aspekte ihrer Lebenssituationen herausgestellt. Diese Aspekte hängen natürlich auf einer höheren Ebene zusammen, sie sind der Ausdruck der Organisationsprinzipien unserer Gesellschaft.

Verletzlichkeiten und Aspekte der Lebensbedingungen beeinflussen vermutlich alle Eltern. Unsere Erfahrungen mit Eltern aus allen Gesellschaftsschichten, die in Kampfbeziehungen steckten, bestätigen diese Aussage. Wir haben jedoch den Eindruck, daß Menschen, die in ihrem Beruf mit anderen Menschen zusammenarbeiten, wie z. B. Sozialarbeiter, Erzieher, Lehrer, Psychologen, Krankenschwestern und Ärzte, bei dieser Problematik überrepräsentiert sind. In diesen Berufsgruppen findet man sonst Probleme mit Kindern in wesentlich geringerem Ausmaß. Von den Kindern in den Familien, mit denen wir in diesem Zusammenhang Kontakt hatten (das heißt, Kinder, die zu Hause, in der Tagesstätte, in der Schule ohne Hilfe nicht mehr klarkommen konnten), kann man vielleicht sagen, daß sie im Extrem eine Entwicklung widerspiegeln, die zu dem führt, was man «den neuen Sozialcharakter» genannt hat. Zu dieser Annahme paßt auch die gewaltig gestiegene Zahl von Ratsuchenden mit diesem Problem nach unseren und den Feststellungen unserer Kollegen. Auf jeden Fall handelt es sich nicht um «besondere» Familien, in denen die Kinder in Kampfbeziehungen geraten, vielmehr um Familien mit «normalem» Hintergrund.

Ob die Kinder in Kampfbeziehungen behandelt werden oder nicht, bestimmt sich hauptsächlich danach, wann ihr Verhalten für die Familie, die Tagesstätte oder die Schule unerträglich wird. Und hierbei beobachten wir die bekannte Tendenz, daß Menschen aus bestimmten Gesellschaftsschichten von ihrer Umgebung schneller «zur Behandlung» gewiesen werden als die aus anderen Kreisen.

Die Kampfbeziehung im Verhältnis
zu klinischen Diagnosegruppen

Die meisten klinischen Diagnosen werden auf der Grundlage einer Untersuchung der Einzelpersonen erstellt, handele es sich um ein Kind oder einen Erwachsenen, die als «Patienten» oder «Klienten» bezeichnet werden. Sie richten sich auf «zusammenfallende besondere Charakteristika» in der Art, wie die Person handelt, fühlt oder denkt (Symptome und/oder Syndrome). Außerdem gehen einige Beobachtungen in die Überlegungen ein, die den Ursachen des Befunds gelten («ätiologische Erwägungen» genannt). Nach der Diagnose wird der Behandlungsplan entwickelt, er berücksichtigt besonders die «ätiologischen Erwägungen».

Der Begriff «Kampfbeziehung» enthält nun keine Diagnose, er ist lediglich die Bezeichnung für eine Form des Zusammenlebens oder für eine Beziehung zwischen mindestens zwei Menschen (hier einem Kind und einem ihm nahestehenden Erwachsenen). Die Kampfbeziehung ist deshalb nicht vergleichbar mit Diagnosegruppierungen (inkommensurable Größen). Nach unserer Erfahrung werden viele Kinder, deren Beziehung zu ihren Eltern und anderen nahen Erwachsenen als «Kampfbeziehung» beschrieben werden kann, von einem solchen diagnostischen Blickwinkel aus betrachtet. In einer Kampfbeziehung zu sein, kann also für das Kind (aber auch für den Erwachsenen) bedeuten, eine Diagnose gestellt zu bekommen.

Da Kinder in Kampfbeziehungen wie beschrieben ein großes Spektrum unterschiedlicher Verhaltensweisen zeigen, kann eine isolierte Untersuchung des Kindes zu jeder beliebigen Diagnose führen. Daß dies geschieht, haben wir häufig genug erlebt. Die meisten gängigen Diagnosen, die auf Kinder in Kampfbeziehungen angewandt werden, sind: frühzeitig frustriert, kontaktgestört, hyperaktiv, gehirngeschädigt (MBD), narzißtisch, in der Entwicklung gehemmt, charakterlich abweichend, asozial, neurotisch und an der Grenze zum Psychotischen.

Bei Kindern, die auf der Grundlage dieser Diagnosen behandelt wurden, haben wir eine Verschärfung ihrer Problematik feststellen können. Nicht selten wurde die Kampfbeziehung so gewalttätig, daß das Kind schnell von zu Hause entfernt werden mußte. Auf jeden Fall ist die Entwicklung der Persönlichkeit spürbar geprägt worden und erschien uns noch schwieriger zu verändern. Wir haben von keinem Fall erfahren, in dem der klinisch-diagnostische Ansatz das Problem der Kampfbeziehung gelöst hätte.

II

Der Beginn des Änderungsprozesses

Wann eine Änderung erforderlich ist

Ist die Kampfbeziehung im Verhältnis zwischen dem Kind und den wichtigsten Erwachsenen seiner Umwelt beherrschend geworden und hat sie die Funktionsweise des Kindes so tief geprägt wie im Kapitel über die Persönlichkeitsentwicklung des Kindes beschrieben, wenn also übliche pädagogische Mittel nicht mehr wirken und/oder wenn die Kampfbeziehung so belastend geworden ist, daß Überlegungen angestellt werden, ob das Kind noch in der Familie oder der Tagesstätte/Schule zurechtkommen kann – dann ist eine Änderung notwendig. Wünschenswert wäre allerdings, sie schon zu beginnen, bevor die Entwicklung so weit gediehen ist.

Wie aus dem vorhergehenden über die Persönlichkeitsentwicklung des Kindes deutlich wurde, verändert sich mit der Zeit die Gesamtpersönlichkeit des Kindes auf eine charakteristische Weise, so daß es nicht mehr in der Lage ist, zwischenmenschliche Kontakte wie Freundschaft und Liebe aufrechtzuerhalten. Außerdem entwickelt es ein Persönlichkeitsprofil, das in unserem Kulturkreis keineswegs geschätzt wird und deshalb dem Kind ebenfalls Probleme bereiten wird.

Hat ein Kind außer der Kampfbeziehung zu ihm nahestehenden Erwachsenen noch weitere Probleme, so ist es in der Regel am sinnvollsten, zuerst die Kampfbeziehung zu verändern, da diese das Kind im großen und ganzen unzugänglich macht für Hilfe bei seinen anderen Problemen.

Wie später klarwerden wird, macht die «Behandlung, die nicht zu Hause stattfindet», auf entscheidende Weise den Änderungsprozeß kompliziert und in der Praxis nahezu unmöglich. Je stärker sich Überlegungen geltend zu machen beginnen, das Kind aus seiner gewohnten Umgebung zu entfernen, um so schwieriger wird es, den Änderungsprozeß zu bewerkstelligen, der im folgenden beschrieben werden soll. Sobald die ersten Anzeichen für solche Überlegungen zu beobachten sind, besteht deshalb Anlaß, die Beziehungen zu verändern.

Wenn die Erwachsenen in der Lage wären, sich selbst aus einer Kampfbeziehung zu befreien, hätten sie dies höchstwahrscheinlich schon längst getan. Da sie es offensichtlich nicht sind, müssen sie wichtige Sachkenntnis als Stütze in diesem Änderungsprozeß in Anspruch nehmen. Der Anstoß, daß dies auch wirklich geschieht, kann sowohl von den Eltern als auch von der Kindertagesstätte oder Schule ausgehen.

Im folgenden skizzieren wir, welchen Anstoß zur Veränderung einer Kampfbeziehung wir im Lauf der Jahre entwickelt haben.

Was in den Änderungsprozeß einbezogen werden sollte

In unserer Analyse haben wir darauf hingewiesen, daß die Kampfbeziehung durch eine ganze Reihe von Faktoren aufrechterhalten wird. Außerdem äußert sie sich selbst in neuen Problemen. Wenn die Änderung gelingen soll, müssen all diese Beziehungen in den Prozeß einbezogen werden. Weiter unten werden wir einige der wesentlichsten kurz ansprechen.

Zu Beginn des Änderungsprozesses erleben die Erwachsenen die Probleme als abhängig vom Charakter des Kindes. Diese Auffassung blockiert die Veränderung der Beziehung, unter anderem, weil die Erwachsenen hierdurch ihre eigene Bedeutung für die Entstehung des Problems übersehen. Sie müssen deshalb dazu angeleitet werden, den Zusammenhang zu erkennen, der zwischen ihren eigenen und den Handlungen des Kindes in einer konkreten Situation besteht. Der Erwachsene muß mit anderen Worten die Dynamik der Situation(en) zwischen sich und dem Kind verstehen und im Licht dieses Verständnisses bisherige Erfahrungen mit dem Kind neu deuten lernen.

Wenn ein Erwachsener in eine Kampfbeziehung zu seinem/einem Kind geraten ist, muß diese Problematik im Zusammenhang mit der Verletzlichkeit des Erwachsenen gesehen werden. Diese muß bearbeitet werden, so daß der Erwachsene in der Lage ist, so mit ihr umzugehen, daß sie nicht vom Kind manipuliert werden kann.

Einige der Verletzlichkeiten der Erwachsenen hängen mit den Lebensumständen zusammen, unter denen die Erzieherfunktion wahrgenommen werden muß. Es kann sich deshalb häufig als notwendig erweisen, daß der Erwachsene als Teil des Änderungsprozesses zu einem anderen Verständnis seiner Lebenssituation vorstößt oder diese Situation tatsächlich verändert. Die alleinerziehende Mutter, die durch eine Ganztagsarbeit und lange Wegezeiten belastet wird, muß z. B. einerseits lernen, kein schlechtes Gewissen zu haben, wenn sie nicht länger mit ihrem Kind zusammen ist (und sich deshalb unangebracht nachgiebig im Zusammensein mit ihrem Kind verhält), andererseits muß sie ihre Lebenssituation genau erkennen, um sie zu akzeptieren und in diesem Rahmen vernünftiger zu handeln. Das kann beispielsweise bedeuten, daß sie die kurze Zeit, die sie mit ihrem Kind gemeinsam verbringt, nicht für ständig sich erneuernde, ungelöste Konflikte vergeudet, sondern für ein befriedigendes Beisammensein nutzt. Unter Umständen muß diese Mutter eine Änderung ihrer Lebensumstände herbeiführen, so daß die Diskrepanz zwischen Ideal und Wirklichkeit geringer wird und nicht durch schlechtes Gewissen kompensiert werden muß.

Wie beschrieben, wirken die Kampfbeziehungen sowohl auf die Persönlichkeitsentwicklung des Kindes als auch auf die des Erwachsenen ein. Schritte, die zu einer Änderung führen sollen, und die diese Tatsache nicht bedenken, sind zum Scheitern verurteilt. Wird zum Beispiel das fehlende Vertrauen des Erwachsenen in seine eigenen Fähigkeiten nicht genug berücksichtigt und werden nicht gemeinsam abgegrenzte, konkrete und ausführbare Schritte vereinbart, geschieht nichts, das Ergebnis kann sogar noch tiefere Resignation sein. Wird zum Beispiel nicht berücksichtigt, daß die Persönlichkeitsentwicklung des Kindes in einer Kampfbeziehung es für die Anwendung der üblichen Pädagogik weitestgehend unzugänglich gemacht hat, kann man die Kampfbeziehung nicht beenden – im Gegenteil.

Deshalb muß beim Erwachsenen ein präzises und detailliertes Wissen davon entwickelt werden, was in konkreten Situationen die Kampfbeziehung aufzulösen vermag. Das Ergebnis der Änderungsanstöße soll sich darin manifestieren, daß der Erwachsene in der Lage ist, in wesentlichen Situationen des Zusammenseins mit dem Kind anders aufzutreten und zu handeln als bisher. In Verbindung hiermit soll gesichert werden, daß der Erwachsene selbst ein klares Bewußtsein/Wissen seines eigenen Einflusses auf die Änderung der Situation hat. Damit wird die Voraussetzung geschaffen, daß der Erwachsene andere Situationen im Zusammensein mit seinem Kind selbst ändern kann.

Parallel dazu sollten die Möglichkeiten des Erwachsenen einbezogen werden, mit den realen Bedürfnissen des Kindes so umzugehen, daß das Kind diese allmählich aus eigener Kraft befriedigen kann. Haben die Erzieherinnen es zum Beispiel früher unterlassen, das Kind zu «stören, wenn es sich endlich einmal einen Moment ruhig verhielt», so müssen diese konstruktiven oder harmonischen Phasen dem Erwachsenen deutlich werden und von ihm als Möglichkeit für ein anderes Verhältnis zu dem Kind genutzt werden. Es ist für ein Kind in einer Kampfbeziehung z. B. eine seltene Erfahrung, daß Erwachsene die Initiative zum Kontakt ergreifen. Das Bewußtsein dafür und die praktischen Möglichkeiten, das Mißtrauen des Kindes zu umgehen und die Kampfbeziehung durch andere Beziehungsformen zu ersetzen, müssen Hand in Hand damit gehen, daß die Erwachsenen aus der Kampfbeziehung herauszutreten lernen.

In einigen Fällen zeigt sich, daß die Kampfbeziehung in andere persönlichkeitsbezogene Probleme des Zusammenlebens eingedrungen ist. Die Mutter kann z. B. die Kampfbeziehung dazu «benutzen», sich gegen einen engen Kontakt mit Männern zu schützen. Mit ihrer Hilfe kann man auch der Erkenntnis entgehen, daß Probleme das Zusammenleben in Ehe oder Partnerschaft belasten.

Die Probleme mit dem Kind müssen davon getrennt, das Kind muß von den Problemen des Erwachsenen «befreit» werden, damit die Erwachsenen diese Probleme als ihre eigenen zu lösen vermögen. Sonst wird die Kampfbeziehung zum unüberwindlichen Hindernis und gleichzeitig zum wirksamen Ablenkungsmanöver.

Der Rahmen des Änderungsprozesses

Der Änderungsprozeß kann in den unterschiedlichsten Formen ablaufen. Zentrale Bedeutung hat jedoch, daß die oben beschriebenen Verhältnisse einbezogen werden.

Als Rahmen für die Veränderung halten wir Sitzungen (von ca. eineinhalb Stunden Dauer im Abstand von bis zu drei Wochen) mit den Erwachsenen (Eltern, Erzieherinnen u. a.) für geeignet. Bei diesen Sitzungen können sämtliche betroffenen Erwachsenen gleichzeitig anwesend sein oder auch nur einige davon, wenn nicht alle an der Zusammenarbeit interessiert sind. Die Sitzungen finden vorzugsweise dort statt, wo die Probleme auftreten, also zu Hause, in der Institution oder wo auch sonst. Diese Treffen werden so lange fortgesetzt, bis es den Erwachsenen gelungen ist, sich aus der Kampfbeziehung zu lösen und andere Beziehungen zu dem Kind einzugehen. Handelt es sich um ein Kind in einer Kampfbeziehung, das bisher noch keine Erfahrungen mit der Trennung von zu Hause gemacht hat, sind zwischen zwei und zehn Sitzungen notwendig, ausnahmsweise mehr. Jede Sitzung schließt mit einigen wenigen, ganz konkreten Vereinbarungen, die die Erwachsenen einige wenige Male vor der nächsten Sitzung umsetzen sollen.

Die Situation der Teilnehmer
zu Beginn des Änderungsprozesses

Die Situation der Eltern / Mütter

Wenn die Eltern zu der ersten Sitzung mit dem Psychologen kommen, dann manchmal deswegen, weil sie von anderen, die ihr Kind / sie selbst als äußerst problematisch ansehen, hierzu gedrängt worden sind. Auch wenn es nicht direkt ausgesprochen wird, ist dies doch deutlich. Hinzu kommt, daß sie sich in der Regel selbst von diesem Problem belastet fühlen und sich unzulänglich vorkommen, da sie täglich Niederlagen im Umgang mit ihrem Kind erleben. Sie sind vielleicht bedrückt, weil sie ihr Kind nicht besser zu lenken vermögen, und empfinden Schuldgefühle, weil sie «offenbar ihrem Kind nicht das gegeben haben, was es braucht, wenn es sich auf diese Art und Weise aufführt». Nicht selten werden die Probleme des Kindes zum Beispiel damit erklärt, daß das Temperament des Vaters auch so ist / war. Es ist also «vererbt», womit gemeint ist, daß sich dagegen nichts tun läßt. Einerseits ist «das Erbe» eine Belastung, gleichzeitig befreit es aber auch von der Verantwortung. Manchmal ist «das Erbe» ein zeitweiliges Schicksal, das sich mit der Zeit «verwächst», und zu anderen Zeiten ist es lebenslang: «Er ist genauso unmöglich wie sein Vater.»

Was die Änderung angeht, kann der Glaube an «das Erbe» oder an «etwas Organisches» als eine schwer zu überwindende Verteidigung fungieren. Eltern, die täglich die Distanzierung der anderen spüren, fehlt in starkem Maße Anerkennung und Respekt für ihren Einsatz. Außerdem nehmen sie ständig Signale der anderen wahr, die ihnen bedeuten, wie «fürchterlich» ihr Kind ist, und bei einigen

Gelegenheiten wird sogar von ihren eigenen Eltern (Schwieger-eltern) angedeutet, daß bei ihnen etwas nicht stimmen könne, denn sie «haben schließlich niemals Probleme mit dem Kind». Alles in allem haben die Eltern/Mütter ein empfindliches Verhältnis zu ih-rer Umwelt entwickelt. Oft stellen sich die Eltern vor, daß ihnen noch einige dieser Erlebnisse bevorstehen, und sie haben sich des-halb gut auf die Sitzung vorbereitet.

In ihren eigenen Erlebnissen dominieren die Fehlschläge, die Erfolge werden dagegen nicht bemerkt oder etwas anderem gut-geschrieben als dem eigenen Einsatz. Zugleich fühlen sie sich oft frustriert in bezug auf die eigenen Erziehungsideale und sind bela-stet mit dem Wissen von – für sie – unakzeptablen Handlungen, zu denen sie (in ihrer Verzweiflung) gegenüber dem Kind gegriffen haben, und von denen sie nun fürchten, daß sie ans Licht gezerrt werden sollen. Zu all dem kommt dann häufig auch noch eine sehr starke Ambivalenz gegenüber dem Kind. Diese wird nicht selten in die Zusammenarbeit mit dem Psychologen übertragen. Auf der einen Seite hoffen die Eltern, daß *das Kind* behandelt werden muß, Tabletten bekommt, in ein Heim eingewiesen wird oder ähnliches. Auf der anderen Seite fürchten sie, daß es genau damit enden wird. Entsprechend wollen sie auf der einen Seite gerne wissen, was sie anders machen können, auf der anderen Seite möchten sie aber gern hören, daß sie das Richtige getan haben. Es besteht eine Furcht da-vor, zugleich eine Hoffnung darauf, daß der Psychologe das Kind und nicht sie selbst als «unmöglich» abstempelt.

Die Eltern haben einen Teil ihrer Gefühle gegenüber dem Kind mit Tabus belegt, als da sind Wut, Zorn, der Wunsch, von dem Kind befreit zu sein. Sie haben aber daneben reale Sorgen und Ängste, daß wirklich etwas Ernstes hinter seinen Verhaltensweisen steckt. Sind beide Eltern anwesend, besteht nicht selten zwischen beiden Uneinigkeit darüber, wie man das Problem betrachten soll, wie es gelöst werden sollte, wer daran die Schuld trägt usw. Es kommt hinzu, daß man darüber uneinig ist, wie offen man über dieses Pro-blem diskutieren sollte.

Eventuell früher gemachte Erfahrungen mit dem Typus Behand-lung, dem sie sich im Augenblick unterziehen, oder mit anderen diagnostischen, sozialpädagogischen oder administrativen Verfahren, können entscheidend ihre Erwartungen und Reaktionen in der Situation beeinflussen.

Alles in allem müssen sich die Eltern gegen einiges verteidigen. Als Psychologe muß man deshalb beim Änderungsprozeß als ersten Schritt diese Gefühle, Erfahrungen und Erwartungen erkennen, akzeptieren und bei der Arbeit berücksichtigen.

Die Situation der Erzieher / Lehrer

Es sind häufig Erzieherinnen oder Lehrer, die die Initiative dazu ergriffen haben, daß ein Psychologe hinzugezogen wird, aber nicht selten rechnen sie damit, daß etwas anderes geschehen sollte als das, wovon der Psychologe ausgeht. Davor haben sie oft lange Zeit versucht, mit den Eltern ins Gespräch zu kommen. Durch diese Gespräche sind sie bestärkt worden, das Verhalten des Kindes im engen Zusammenhang mit dem zu sehen, «was zu Hause läuft», und nicht so sehr im Verhältnis zu dem, was in der Institution vorgeht.

In der Institution war das Beisammensein mit dem Kind – wie schon zuvor erwähnt – geprägt durch eine Reihe von Konflikten, die in Niederlagen für die Erzieherinnen mündeten. Nicht selten hat sich der Erzieherinnen allmählich ein Gefühl der Unzulänglichkeit und Inkompetenz gerade gegenüber diesem Kind bemächtigt. Für viele ist es deshalb verlockend, schlicht und einfach das Kind als «unmöglich» anzusehen. Das Fiasko im Verhältnis zu dem Kind, das als «Unmöglichkeit» des Kindes erscheint, dominiert die Erfahrungen, während die Erfolge, das, was mit dem Kind gutgeht, entweder nicht bemerkt oder anderen Faktoren zugeschrieben werden.

Die einzelne Erzieherin reagiert häufig mit Frustration auf die pädagogischen Maßnahmen, die sie dem Kind gegenüber anzuwenden sich gezwungen sieht (ständiges Ermahnen); sie wird von dem Gefühl geplagt, darüber die anderen Kinder zu vernachlässigen. Da sie sich ganz besonders intensiv für dieses Kind engagiert hat, hält sie sehr viel von ihm, außerdem mag sie es sehr gern, da es ihr aber gleichzeitig so viele Niederlagen beigebracht und so viele ihrer Absichten vereitelt hat, kann sie es nicht ausstehen.

Die Situation kompliziert sich noch dadurch, daß die anderen Mitarbeiter und Mitarbeiterinnen der Institution und die Vorgesetzten über das Kind klagen; dabei lassen sie durchblicken, daß sie die Erzieherin für inkompetent halten, und fordern sie auf, etwas an der Situation zu ändern. Der gleiche Druck kommt aus der Elterngruppe. Es ist deshalb nicht verwunderlich, daß die Erzieherin Anerkennung und Respekt vermißt und ihre fachliche Kompetenz bedroht fühlt.

Vor diesem Hintergrund begegnen die Erzieherinnen dem Psychologen mit dem Wunsch nach Hilfe; er soll einen zusätzlichen Erzieher beschaffen oder das Kind soll zur Behandlung an einen dafür geeigneten Ort gebracht werden. Mehr oder weniger stark ist auch der Wunsch zu spüren, selbst Hilfe zu bekommen, um mit der Situation fertig zu werden. Welches Motiv sich in den Vordergrund schiebt, hängt auch von ihren früheren Erfahrungen mit dem Behandlungssystem, hier vor allem von der Zusammenarbeit mit dem Psychologen als Person ab.

Die Situation des Psychologen

Die bisher erwähnten Faktoren sind Teil der komplexen Situation, in die der Psychologe eintritt, die er so schnell wie möglich überschauen können sollte und in der er handeln muß.

In diesem Zusammenhang spielen die Erwartungen des Psychologen an sich selbst und die Bewertung der eigenen Kompetenz eine wesentliche Rolle für die Sicherheit, mit der er die Situation angehen und wieviel defensives Verhalten sie bei ihm aktivieren wird. Der Psychologe wird mit einer Reihe Erwartungen von seiten der Erzieherinnen und der Eltern konfrontiert, wie z. B. der, den Fall zu analysieren, mit Expertenauskünften über das Kind aufzuwarten und dafür zu sorgen, daß das Kind in eine fachlich kompetente Behandlung kommt. Er soll unter Umständen die Hinzuziehung einer weiteren Erzieherin befürworten und die Frage nach der Schuld klären usw. Dem stehen die Erwartungen des Psychologen gegenüber, die bei Kindern in Kampfbeziehungen in eine andere Richtung weisen. Es ist für die weitere Zusammenarbeit wichtig, wie dieser Konflikt zwischen den Erwartungen gelöst wird. Die Verantwortung dafür wird von allen dem Psychologen zugeschoben. Leichter ist es, wenn die Erwartungen übereinstimmen, und das heißt für uns: Alle in die Beratung Einbezogenen erwarten, daß der Psychologe dabei mitwirkt, daß sie selbst die Probleme lösen, wobei der Psychologe mit der erforderlichen fachlichen Einsicht und Kompetenz hilft. Diese Situation ist jedoch relativ selten, ein Erwartungskonflikt steht mithin häufig am Beginn der Zusammenarbeit. Die Arbeit des Psychologen besteht deshalb während der Sitzungen manchmal in dem Versuch, die Erwartungen zu verändern.

Der Verlauf der ersten Sitzung

Um die Rolle des Psychologen im Änderungsprozeß deutlicher hervortreten zu lassen, wollen wir im folgenden einige Faktoren beschreiben, auf die zu achten sind, und einige Beispiele dafür anführen, wie der Psychologe in Beziehung zu diesen Faktoren eingreift.

Die Darstellung des Ablaufs kann sehr leicht so wirken, als sei sie aus dem Zusammenhang gerissen, da wesentliche und umfassende Anteile der Eltern und/oder Erzieherinnen am Veränderungsprozeß fehlen. Dies geschieht sowohl aus Platzgründen als auch um einige Prinzipien des Ablaufs anschaulicher darstellen zu können.

Eine Darstellung kann unter Umständen oberflächlich und ironisierend *wirken*, teils aus dem oben genannten Grund, teils weil alles, was ungesagt bleibt – und doch so wesentlich im Verlauf selbst ist –, aus der Natur der Sache heraus nicht schriftlich wiedergegeben werden kann. Wenn jedoch der Verlauf wirklich oberflächlich und ironisierend *ist*, kommt man gar nicht weiter. Durch oberflächliche Reaktionen ist die Einsicht nicht zu fördern. Festgefahrene Meinungen oder Verhaltensweisen werden durch Lächerlichmachen nicht gelockert, sondern nur durch *gemeinsame* Heiterkeit; Auftauen vollzieht sich allein durch Wärme. Da eine ganze Reihe von Blockaden des Verstandes und des Gefühls zu überwinden sind, ist *Einfühlung* notwendig; aber sich dem *Mitgefühl* hinzugeben, bedeutet, einen Bärendienst leisten.

Wenn es so ist, daß Eltern und Erzieher eine starre Haltung einnehmen, kann man von ihnen natürlich nicht ohne weiteres Bewegung erwarten. Ihnen zu diesem Zeitpunkt die Steuerung des Verlaufs zu überlassen hieße deshalb, sie im Stich lassen.

Wenn der im folgenden geschilderte Ablauf sehr vom Psychologen gesteuert wirken sollte, dann deshalb, weil wir als Psychologen uns der Verantwortung für den Änderungsprozeß nicht entziehen wollen und können.

Wir haben einige (relativ) unkomplizierte Änderungsprozesse ausgewählt, um ein überschaubares Bild des eigentlich komplizierteren Ablaufs zu geben. Selbst wenn keine zwei Änderungsprozesse gleich ablaufen, hoffen wir trotzdem, einen Eindruck davon vermitteln zu können, was bei einem solchen Verlauf vorgeht.

Zur Einleitung stellt sich der Psychologe vor; er berichtet kurz über seine Arbeitsweise. Er erwähnt, daß kein Protokoll geschrieben wird und daß die Zusammenarbeit als Angebot an sie als Erzieher oder Eltern anzusehen sei, um die Probleme zu bearbeiten, die sie selbst haben und denen sie als Verantwortliche für die Erziehung eines Kindes häufig gegenüberstehen. Der Psychologe zeigt Verständnis dafür, daß eine solche Situation für die Betroffenen nicht sehr angenehm ist, «da man ja so viel davon hört, wie das so läuft, wenn man sich mit einem Psychologen unterhält». Von Zeit zu Zeit geben Eltern auch zu, daß sie etwas Bedenken hatten, aber es kann auch sein, daß sie sich hiervon unberührt geben.

Bevor die erste Sitzung beginnt, ist häufig eine recht lange Zeit vergangen, in der sowohl die Erzieherinnen als auch die Eltern sich ohnmächtig und dem gegenseitigen Druck ausgesetzt vorgekommen sind. Das erste, was bei der Sitzung geschieht, ist deshalb nicht selten der Versuch dieser Parteien, sich zu rechtfertigen und die Schuld dem anderen zuzuschieben. Die Erzieherinnen wissen zu berichten, wie belastend das Kind für die Institution ist, und in ihren Fragen an die Eltern deuten sie an, dies müsse damit zusammenhängen, wie es «zu Hause läuft». Die Eltern erzählen häufig als Verteidigung, daß daheim alles gutginge, «da haben wir überhaupt nicht diese Probleme, die ihr hier habt.» – «Und was ist los, wenn ihr das Kind abholt?» fragen die Erzieherinnen. «Ja, das ist das einzige, was etwas schwierig ist, aber da ist er ja auch den ganzen Tag hier gewesen», können die Eltern antworten. Wir sorgen dafür, daß solche gegenseitigen Beschuldigungen (Ohnmachtsreaktionen) aufhören: «Es ist gut, daß ihr die Probleme daheim nicht habt, die müssen ja wirklich zermürbend sein.» Wir vermitteln, daß das, was die Teilnehmer sagen, als Ausgangspunkt genommen wird, und daß keiner hier zu Zugeständnissen gezwungen werden soll.

Wenn die Eltern sagen, sie hätten keine Probleme, fordern wir danach die Erzieherinnen auf, etwas mehr davon zu erzählen, was für Probleme sie mit dem Kind in der Institution haben. Bei diesem Gespräch wird die Unmöglichkeit bekräftigt, das Kind in der Tagesstätte zu halten; die Erzieherinnen betonen, daß sie es nicht zulassen können, die anderen Kinder so sehr zu benachteiligen, wie dies nun einmal der Fall ist, und daß sie meinen, das Kind müsse unbedingt behandelt werden.

Wir verstehen sehr gut, daß es sehr anstrengend sein muß, so viel Energie für *ein* Kind aufzuwenden, und sind verwundert, daß sich das so lange durchhalten ließ. Danach interessieren wir uns dafür, möglichst konkret zu erfahren, was das Kind denn eigentlich macht. Wir unterbrechen hiermit die Charakterisierung des Kindes von seiten der Erwachsenen und beginnen mit der Analyse der Situation.

Mit Blick auf eine präzisere Analyse interessieren wir uns nun für das Tun und Lassen des Kindes in der Tagesstätte, was unter anderem durch Bemerkungen und Fragen folgender Art zum Ausdruck kommt: «Wann geschah das?» – «Was genau geschah da?» – «Was geschah direkt davor?» – «Was hast du dann getan?» – «Wie hat das Kind darauf reagiert?» – «Wolltest du, daß das Kind genau das tut?»

Hierbei kann es eine Hilfe sein, die Gefühlsreaktionen zu legitimieren, unter anderem durch Kommentare wie: «Wie hast du es nur geschafft, dabei nicht wütend zu werden?» – «Ich hätte die Geduld nicht so lange gehabt.» – «Nach so einem Tag hätte ich auch keine Kräfte mehr, wenn ich nach Hause komme.» – «Ich wäre auch über jeden Tag froh, an dem es nicht kommt.»

Danach kann Verständnis dafür geäußert werden, wie das Kind aus solchen Situationen womöglich Gewinn ziehen kann: «Ist es dann wirklich als erstes drangekommen, gleich nachdem du ihm erklärt hattest, daß es das nicht jedesmal haben könne?» – «Es sieht so aus, als bestehe die schnellste Möglichkeit, dich zu erreichen, darin, den Nebenmann zu kneifen.» – «Er hat es offenbar sehr gern, wenn du mit ihm redest, wenn er die ganze Zeit das Vorlesen unterbricht, und wenn du ihn dann zurechtweisen mußt.» – «Das war doch eine tolle Idee von ihm. Hättest *du* in der Situation einen besseren Weg gefunden, um dir die Aufmerksamkeit der ganzen Gruppe zu sichern?»

Es kann darüber hinaus notwendig sein, zu betonen, daß es tatsächlich anstrengend ist, dauernd zur Verfügung zu stehen: «Ich glaube, das hätte ich nicht ausgehalten.» – «Ich verstehe sehr gut, daß du darüber erzürnt gewesen bist.»

Tauchen Situationen auf, die anders ablaufen, wird dies unterstrichen: «Da lief es offenbar nicht in seinem Sinn.» – «Da bist *du* es aber am Ende gewesen, die bestimmt hat.» – «Wie kommt es, daß es da seinen Willen nicht hat durchsetzen können?» Wenn die Erzieherin zu diesem Zeitpunkt sagt: «Du siehst also, so ein Kind kann man nicht in einem Kindergarten haben», heben wir hervor: «Ich kann sehr gut verstehen, daß ihr müde seid, wenn es *so* abläuft, aber es ist doch zwei Jahre gegangen.» Wenn die Erzieherin – was vorkommen kann – nun wieder beginnt, haargenau auszumalen, wie schrecklich das Kind ist, beginnt auch der Psychologe wieder von vorn. Die meisten Erzieherinnen ahnen jedoch zu diesem Zeitpunkt schon neue Möglichkeiten.

Wir versuchen noch weiter, das feste Bild des Kindes zu erschüttern, das die Erwachsenen gehabt hatten. So kommentieren wir zum Beispiel: «Findest du wirklich, daß es vernachlässigt wird? Ich finde eher, daß es mehr Aufmerksamkeit bekommt, als der Rest der Kindergruppe zusammengenommen.» – «Kannst du dir wirklich nichts anmerken lassen?» – «Wenn du geglaubt hast, es sei psychotisch, dann kann ich gut begreifen, daß dich das Gewackel beunruhigt hat.» – «Ja, so ein verzweifeltes Weinen kann man nicht einfach überhören.»

Die Mittel der Erwachsenen werden unter anderem durch Bemerkungen wie die folgenden unterstrichen: «Du bist ja unglaublich.» – «Wieviel Kraft du aufbringst.» – «Das sieht so aus, als ob du es gern hättest.» – «Nach dem, was du sagst, hast du also mindestens vier Stunden allein ihm gewidmet, während du gleichzeitig siebzehn andere Kinder beschäftigt hast. Ich kenne nicht viele Erzieherinnen, die so etwas geschafft hätten.» – «Und gleich nachdem er dir die Nase umgedreht hatte, wolltest du ihm dabei helfen, daß... Du bist wirklich nicht nachtragend.»

Wichtig erscheint uns, die Wirksamkeit erzieherischer Mittel in Frage zu stellen, z. B. mit Bemerkungen wie: «Wie hattest du denn erwartet, daß das Kind reagieren sollte?» – «Wie war es möglich, daß du das getan hast, auch wenn du nicht erwartet hast, daß es wirken könnte?» – «Also, soll man jemanden ermahnen, selbst wenn man weiß, daß die Ermahnungen nicht wirken?» – «Es ist in Ordnung, wenn man den Kindern erklärt, wie die Dinge hier auf der Erde zusammenhängen, aber glaubst du immer noch, daß es ihm an Verständnis mangelt?» – «Wiederholst du dich auch gegenüber anderen dadurch, daß du Dinge siebenundzwanzigmal sagst? Also, nein. Hoffst du denn jedesmal, diesmal würde er auf das hören, was du sagst? Doch wohl nicht. Du mußt es also erst einige Male sagen, bevor du selbst überzeugt von dem bist, was du sagst – habe ich das richtig verstanden?» – «Er behandelt dich auch, als sei ihm das aufgefallen. Glaubst du, daß er die Aufmerksamkeit satt hat, die du ihm dabei zukommen läßt?» – «Ach, du bist sofort gekommen, obwohl du gerade gesagt hattest, nun müsse es sich selbst beschäftigen? Was glaubst du, was er daraus lernt?»

Die Mittel des Kindes werden unter anderem durch folgendes unterstrichen: «Das war ehrlich gesagt lustiger als...» – «Dazu gehört wirklich eine gute Portion Phantasie, um auf den Gedanken zu kommen.» – «Es scheint ziemlich kreativ zu sein.» – «Du sagtest, es dürfe nicht rauskommen, und dann bist du selbst etwas später doch mit dem Ball zu ihm gekommen.» – «Das hat es doch wirklich clever hinbekommen.» – «Wenn du aber das gerade nicht hören magst, warum sollte es dann etwas anderes sagen, wenn es dich bestrafen will?» – «Wer bestimmt eigentlich bei euch in der Gruppe?» – «Habe ich richtig gehört? – Ihr wolltet ins Zoologische Museum, es wollte aber in den Zoo, und da seid ihr dann auch gelandet?»

Dies wird fortgesetzt, bis dem Gefühl der Hoffnungslosigkeit der Boden entzogen worden und die Überzeugung, die Lage sei ernst, unterminiert ist, so daß sich das Lachen nicht länger unterdrücken läßt. Wir lachen nun gemeinsam darüber, daß es dem Kind immer wieder gelingt, den Erwachsenen, ganz wie es will, eine Nase zu drehen. Dabei unterschlagen wir nicht länger die enormen psychischen Ressourcen sowohl des Kindes als auch der Erwachsenen – und die wirkungsvolle Nutzung dieser Ressourcen durch alle Beteiligten.

Der Entschluß, die Situation zu ändern, kommt nun häufig wie von selbst. Dem kann man aber auch mit Bemerkungen nachhelfen wie: «Also, wie lange habt ihr euch gedacht, wollt ihr das noch weiter mitmachen?» – «Habt ihr nichts anderes zu tun?» Wenn sie den Entschluß gefaßt haben, etwas zu ändern, kann dieser Entschluß unter Umständen dadurch bekräftigt werden, daß man sagt: «Würde euch sein Benehmen beim Mittagessen denn nicht fehlen?» – «Glaubt ihr, *es wird sich das gefallen lassen?*»

Wenn der Entschluß unverrückbar zu sein scheint, sollte man eine konkrete Situation wählen, in der der Entschluß umgesetzt wird und von dem aus die Änderung des Verhältnisses zwischen Erwachsenen und Kind seinen Ausgangspunkt nehmen sollte. Diese Wahl wird unter anderem durch die Frage unterstützt: «Was willst du am liebsten geändert sehen?» – «Was stört dich im alltäglichen Bereich eigentlich am meisten?» – «Was tut es am häufigsten?»

Die Überlegungen gehen weiter, bis die Erwachsenen die Situation gewählt haben, in der sie am liebsten mit der Änderung beginnen würden. Häufig wünschen sie sich in vielen Situationen eine Änderung, wir dringen aber darauf, daß sie mit einer, vielleicht zwei Situationen beginnen und erst dann weitere Situationen einbeziehen, wenn die erste geändert ist.

Nun wird, unter anderem unterstützt durch vertiefende und klärende Fragen unsererseits, eine gründliche, allgemeine Analyse der betreffenden Situation vorgenommen, bis sie konkret und in allen Einzelheiten für die Teilnehmer erkennbar wird.

Der nächste Schritt bereitet eine konkrete Vereinbarung darüber vor, wie nun gehandelt werden soll: Es wird untersucht, was die Erzieherinnen bisher im Hinblick auf das Problem unternommen haben; die Wirkung dieser Maßnahmen wird eingehend erörtert. In diesem Zusammenhang wird auch nach den Absichten gefragt, die die Erzieherinnen mit diesen Maßnahmen verfolgten, bis allen Beteiligten einsichtig ist, wo konkret Absicht und Wirkung einander nicht entsprechen.

Hierbei zeigt es sich, welche der Verletzlichkeiten das Kind bei den Erwachsenen aktiviert hatte und die sie bisher haben reagieren lassen. Diese Verletzlichkeiten werden bearbeitet, und die Lebensumstände, mit denen die Verletzlichkeiten zusammenhängen, werden hierzu in die Bearbeitung einbezogen. Soll zum Beispiel ein Schuldgefühl nach einem Ausrutscher bearbeitet werden, so kann man unterstützend etwas sagen: «Wie kann es möglich sein, daß du deine Forderung fallenläßt, nur weil das Kind die Hände vors Gesicht schlägt?» – «Hast du es vielleicht irgendwann einmal geschlagen?» – «Versuch, die Situation etwas genauer zu schildern und was da passiert ist.» – «Das klingt fast so, als hättest du aus Angst, er könne überfahren werden, die Nerven verloren.» – «Du hast dich doch offenbar bei ihm entschuldigt und ihm versichert, daß das nicht wieder vorkommen wird.» – «Glaubst du immer noch, daß er Angst hat, daß das wieder passieren könnte?» – «Wie weh hat es ihm nach deiner Meinung getan?» – «Meinst du jetzt im Rückblick immer noch, daß es so verwerflich gewesen ist?» – «Wie glaubst du eigentlich, wirkt deine jetzige Ohnmacht in dieser Situation auf ihn?» – «Welche Art Erwachsenen braucht er, damit er sich sicher fühlen kann?» – «Wie oft, glaubst du, ist es ihm gelungen, dich mit dem erhobenen Arm lahmzulegen?» – «Wie lange soll er das noch weitertreiben können?» – «Wann ist deine Tat gesühnt?» – «Also, was wirst du das nächste Mal tun, wenn er den Arm hebt?» – «Glaubst du nicht trotzdem immer noch, daß es dir leid für ihn tut und daß du grob zu ihm gewesen bist?» – «Was nun, wenn er auch den anderen Arm hebt und zu weinen beginnt?» – «Glaubst du, du kannst das durchführen?»

Nachdem die Erzieherinnen jede für sich von den aktivierbaren Verletzlichkeiten befreit sind, versuchen wir in der nächsten Phase der Arbeit herauszufinden, was sie ganz konkret beim nächstenmal tun können, wenn das Kind die betreffende Situation inszeniert.

Sind früher im Verlauf Situationen aufgetaucht, in denen die Handlungen der Erzieherinnen dem Kind gegenüber Erfolg hatten, versuchen wir deutlich zu machen, warum dies geglückt ist. Wir überlegen uns danach gemeinsam mit den Erzieherinnen, wie sich dieser Erfolg auf das ausgewählte konkrete Problem übertragen läßt.

Bei der Suche nach Ideen beginnen wir gemeinsam mit den Erzieherinnen darüber nachzudenken, wie das *Kind* ihre bisherigen Handlungen erlebt haben mag. Wenn ein gemeinsames Verständnis der Motive des Kindes in einer bestimmten Situation gefunden ist, kann man weitergehen und darüber reden, wie man vor diesem Hintergrund am besten reagieren kann. Die meisten Erzieherinnen werden nun *selbst* eine Idee haben. Andere finden immer noch, daß etwas mit der Motivation des Kindes nicht stimmen kann: «Es sollte traurig werden, wenn man es ausschimpft.» Diese Bemerkung kommentieren wir mit dem Hinweis: «Ja, aber du hast ja auch gesagt, daß das Kind anders reagiert als die anderen, und dann rechnest du trotzdem damit, daß es genau wie die anderen darauf reagiert, was du tust?»

Sind die früheren Handlungen untersucht und hat sich dabei herausgestellt, daß sie zur Lösung des konkreten Problems nichts beitragen, beginnen wir gemeinsam, das noch nicht Erprobte und das, was man sonst noch tun könnte, zu untersuchen. Zum Beispiel: «Wenn du jetzt mal einen Moment von allem absiehst, was man normalerweise mit einem Kind in einer solchen Situation tun sollte, was würdest du dann am liebsten tun, wenn es...?»

Die Idee, die auf diese Frage geäußert wird, kann oft mit einigen Abwandlungen und Verfeinerungen diejenige sein, die wir dann den Erzieherinnen zum Ausprobieren vorschlagen.

Erzieherinnen, Erzieher oder Eltern in eine Situation zu stellen, die der des Kindes ähnelt, kann auch erlösend wirken: «Kennst du das, wenn du ihn daheim so provozierst, daß er den Fernseher ausmacht?» – «Was soll er eigentlich tun, um dich dazu zu bringen, daß du mit diesen Provokationen aufhörst?» Wenn es immer noch schlecht steht mit Ideen, können wir verschiedene Beispiele dafür anführen, was andere in ähnlichen Situationen getan haben. In der Regel wählen sie dann eine Idee aus, von der sie meinen, sie könnten sie umsetzen. Geschieht das nicht, ist dies ein Zeichen dafür, daß ein früherer Schritt in dem Prozeß nicht ausreichend bearbeitet worden ist. Dies muß dann nachgeholt werden.

Wenn die Erzieherinnen (oder die Eltern) mit den neuen Ideen zu arbeiten beginnen, um die Art zu verändern, wie sie in der betreffenden Situation auf das Kind eingehen, unterstützen wir diese Arbeit durch Äußerungen wie: «Wie würdest du reagieren, wenn es dies oder jenes macht…?» – «Wie wäre das praktisch möglich?» – «Wie glaubst du, werden die anderen Kinder reagieren?» – «Wie fändest du es, wenn du…?» – «Empfindest du dich nicht als hart, wenn du…?» – «Glaubst du, die anderen Erzieherinnen werden eine solche Erziehungsmethode schätzen?» – «Wie fändest du es, wenn es…?»

Wir versuchen auf diese Weise, all den Problemen vorzugreifen, die unserer Erfahrung nach entstehen können. Die Arbeit geht weiter, bis die Erzieherinnen darauf erpicht sind, das Besprochene auszuprobieren, und bis wir sicher sind, daß sie das Vorhaben bewältigen können, weil sie die notwendige Sicherheit besitzen und die Situation verstehen können, weil sie die früheren Verletzlichkeiten abgelegt haben, da sie sich jetzt ganz klar darüber sind, wie sie konkret handeln können, sich sicher sind, daß sie die Kampfbeziehung in einer bestimmten Situation beenden können und gemerkt haben, daß sie sich auf das nächste Mal freuen, wenn sie in die problematische Situation geraten.

Zum Abschluß wird gefragt, wie lange die Erzieherinnen meinen, daß es dauern wird, bis sie das neue Verhalten ausprobiert haben, und wann wir uns treffen können, um darüber zu reden, wie es gelaufen ist. Dabei betonen wir, daß sie *nur* diese eine Situation in den Griff bekommen sollen, von der wir gesprochen haben, und auf keinen Fall ihre ganze Erziehungsmethode auf den Kopf stellen sollen, und daß sie das Besprochene nur einige Male wiederholen sollen.

Sind die Eltern noch nicht daran interessiert, in die Arbeit einbezogen zu werden, dann fragen wir sie, ob es ihnen recht ist, daß die Erzieherinnen «das Besprochene» an ihrem Kind ausprobieren. Darüber hinaus lassen wir sie in Ruhe, laden sie jedoch zum nächsten Treffen ein, «um zu hören, wie es gelaufen ist». Die meisten Eltern zeigen sich daran interessiert, an der nächsten Sitzung teilzunehmen. Viele Eltern wünschen jedoch schon während der ersten Sitzung, aktiv mitzuarbeiten.

Wenn sie zu Beginn deutlich gemacht haben, daß sie daheim keine Probleme haben, wurden sie während des Verlaufs gefragt: «Was hältst du davon, wenn die Erzieherin versuchte…?» – «Wie wird es nach deiner Meinung reagieren?» – «Was meinst du, könnte man tun?» – «Was tut ihr daheim in einer ähnlichen Situation?» Es kommt häufig vor, daß die Eltern dann allmählich Interesse zeigen, sowohl für das neue Verständnis, das gegenüber dem Kind und im Zusammenspiel zwischen Kind und Erwachsenem auftaucht, als auch für die Idee, eine Situation auf andere Weise anzupacken. Nicht selten machen sie jedoch klar, daß auch sie Probleme haben, und zwar in einer Situation, die der entspricht, die auch die Erzieherin geändert haben will.

Wenn die anfänglich offenbar notwendige Verteidigung der Eltern auf diese Weise überflüssig gemacht worden ist, wird nun mit ihnen ein vergleichbarer Verlauf durchgespielt, der die Situation zu Hause betrifft.

Die neuen Handlungsmöglichkeiten
der Erwachsenen gegenüber dem Kind

Durch die Zusammenarbeit mit einem Psychologen haben die Erwachsenen ihr Verhältnis gegenüber dem Kind neu bestimmt. Einige der wesentlichen Änderungen sind die folgenden:

Zuerst einmal fassen sie die Situation anders auf und sehen sowohl die Handlungen des Kindes wie auch die eigenen Handlungen in einem anderen Licht – sie begreifen die Dynamik der Situation.

Zum zweiten resultiert daraus, daß sie fähig sind, sowohl die Handlungen des Kindes als auch die eigenen auf andere Weise zu erleben und zu werten.

Zum dritten haben sie die Verletzlichkeiten, durch die sie bisher dem Kind die Möglichkeit gaben, sie zu lenken, emotional bearbeitet und sich von ihnen befreit.

Zum vierten haben sie die Möglichkeit erhalten, sich zu all ihren Gefühlen zu bekennen. Sie haben hierdurch gelernt, die Irritation, die vorher gegen das Kind gerichtet war, gegen das bisher praktizierte Zusammenspiel zwischen ihnen und dem Kind zu richten. Sie sind damit von der Ambivalenz gegenüber dem Kind befreit worden, die bisher ihren Überblick über die Situation und ihre Flexibilität im gemeinsamen Beisammensein behindert hatte.

Zum fünften sind sie fest entschlossen, daß nun etwas anderes geschehen soll als das bisher übliche.

Zum sechsten haben sie die Situation ausgewählt, in der sie eine

Änderung einführen wollen. Damit sind auch jene Situationen bestimmt, die bis auf weiteres wie üblich ablaufen sollen.

Zum siebenten haben sie die Handlungsmöglichkeiten durchgearbeitet, sie sind vorbereitet auf die möglichen Reaktionen und das Gegenspiel des Kindes.

Zum achten gehen sie nicht wie bisher ängstlich in die ausgewählte Situation, sondern sind gespannt darauf, wann es zu der Situation kommt, da sie sich freuen, endlich etwas unternehmen zu können.

Schließlich haben sie das Gefühl der Sicherheit, innerhalb eines überschaubaren Zeitraums eine neue Sitzung zu haben, in der sie gemeinsam mit dem Psychologen die neugewonnenen Erfahrungen analysieren können.

Wenn diese Erwachsenen dem Kind wieder gegenüberstehen, ist es nicht verwunderlich, daß dann etwas anderes als das Gewohnte geschieht. Gerade Kinder in Kampfbeziehung registrieren sofort, daß sie es mit einem veränderten Erwachsenen zu tun haben. Nicht wenige Erwachsene, die zu der zweiten Sitzung kommen, berichten, daß sie «leider keine Gelegenheit hatten, das Besprochene durchzuführen», weil es seitdem «leider keine Probleme mit dem Kind gegeben hat».

Die meisten haben jedoch die Gelegenheit, das Besprochene durchzuführen, und vor *diesem* Hintergrund machen sie einige andere Erfahrungen mit dem Kind.

Beispiele dafür, wie die Erwachsenen aus der Kampfbeziehung aussteigen

Im folgenden wollen wir einige Beispiele dafür geben, wie die Erwachsenen dem Kind deutlich machen, daß sie sich nicht länger von ihm mittels ihrer Verletzlichkeit und Entschlußlosigkeit steuern lassen.

«Gebrauche, was du schon kannst»

Vor den schwierigen Situationen hat es selbstverständlich auch schon viele Situationen mit dem Kind gegeben, die für die Erwachsenen unproblematisch waren. Jedoch wird ihnen nur selten klar, was sie dazutun, daß diese Situationen unproblematisch sind.

Während des Änderungsprozesses kann z. B. eine Bemerkung wie die folgende fallen: «Und da habe ich ihm gesagt, er soll sich dort hinsetzen und dort sitzenbleiben.» Wir würden hierauf fragen: «Hat er das dann auch getan?» Wenn die Antwort z. B. lautet: «Ja, selbstverständlich», ist dies ein Grund, um einzuhaken: «Das ist ja merkwürdig, du bringst ihn dazu, daß er in einer solchen Situation sitzen bleibt, während du ihn überhaupt nicht dazu bringen kannst, daß er beim Essen sitzen bleibt.» Der Grund dafür, daß etwas Ähnliches nicht auch beim Essen passiert, wird gemeinsam bearbeitet.

Ein anderes Beispiel: «Dann nahmen wir den Bus.» Frage: «Ging das gut?» – «Natürlich.» – «Ist das immer gutgegangen?» – «Nein, einmal...» – und dann erzählt die Mutter eine Begebenheit, seit der sie ruhige Busfahrten mit dem Kind macht. Hier kann eine Bemerkung wie: «Das ist eigentlich merkwürdig, daß du mit ihm Bus fahren kannst, während du mit ihm nicht in der S-Bahn fahren kannst.» Auslöser dafür ist, daß der Erwachsene in der S-Bahn das tut, was die Kampfbeziehung im Bus unterbunden hat.

Wenn die betreffende Verletzlichkeit (z. B. das Ansehen der Mutter als Erzieherin) bearbeitet ist und schon im Vorgriff überwunden werden konnte, geht es darum, diese Erfahrungen auch in anderen Situationen wirksam werden zu lassen.

Wenn – wie im oben erwähnten Beispiel – die Erwachsenen erkennen, daß sie das Kind schon jetzt zu etwas zu bringen vermögen, was sie gern erreichen wollen, dann sind die wesentlichen Barrieren überwunden.

«Glaube selbst an das, was du sagst»

Bei der Analyse der Interaktionen in einer Situation wie dem Zähneputzen zeigt es sich, daß das Kind früher oder später die Zähne geputzt bekommt. Davor hat es häufig eine Reihe halbherziger Versuche gegeben, in denen der Erwachsene an das Kind appelliert und mit ihm verhandelt hat. Die auslösende Handlung (für das Zähneputzen) kann z. B. die sein, daß die Erwachsenen zeigen, daß jetzt (endlich) gilt, was sie meinen. Ist dies der Fall, könnte die Absprache vielleicht darin bestehen, daß die Mutter nicht darauf wartet, bis sie zum siebenundzwanzigstenmal sagt, was sie meint..., sondern daß sie schon beim zweitenmal handelt oder damit wartet, überhaupt etwas zu sagen, bis sie es wirklich ernst meint.

«Halte dich selbst an deine Vereinbarung»

In Kampfbeziehungen werden in der Regel täglich eine Menge Vereinbarungen getroffen, von denen weder das Kind noch der Erwachsene selbst je erwarten, daß sie eingehalten werden.

Eine Mutter beklagt sich z. B. darüber, daß es eine halbe bis eine ganze Stunde und viele Szenen braucht, bis das Kind morgens angezogen ist. Sie hat nun Angst, ihre Arbeit zu verlieren, und will deshalb gern diese Situation ändern.

Die Vereinbarung könnte hier darin bestehen, daß sie ein- oder zweimal morgens zu dem Kind ins Zimmer geht und ihm mitteilt: «Du kannst jetzt die Sachen anziehen, die du im Kindergarten tragen willst. In 20 Minuten gehen wir dann los. Bist du damit einverstanden?» 20 Minuten später kommt sie wieder herein und stellt fest, daß sich das Kind wie üblich noch nicht angezogen hat. Sie sagt nur: «Gut, du willst also im Schlafanzug in den Kindergarten gehen.» Dann nimmt sie das Kind und geht, wie abgemacht, mit ihm in den Kindergarten. Wenn sie aus dem Haus sind, kann die Mutter sich sozusagen des Kindes «erbarmen». Das Kind wird sich jetzt schneller als je zuvor anziehen. Die Mutter muß natürlich im Vorgriff die Verletzlichkeiten durchgearbeitet haben, die bei einer solchen Vorgehensweise aktiviert zu werden drohen. Zum Beispiel: Was denken die Nachbarn, Erzieherinnen; ihr Ansehen als Erzieherin; erkältet sich das Kind vielleicht; das Gefühl der Verantwortung. Geschieht dies nicht, ist sie ganz einfach nicht in der Lage, das Geplante durchzuführen.

Eine Mutter könnte z. B. sozial isoliert worden sein, weil es immer dann, wenn sie bei anderen zu Besuch war oder selbst Gäste hatte, nicht enden wollende Szenen gab, die keiner der Partner auszuhalten vermochte. Sie könnte sich sehr gut vorstellen, daran etwas zu ändern.

Eine Absprache könnte hier darin bestehen, daß die Mutter sagt: «Willst du gern mitkommen zu Tante Else?» Hierauf sagt das Kind wahrscheinlich «Ja.» – «Aber wirst du drüben auch brav und ruhig spielen und uns andere nicht die ganze Zeit stören?» Das will das Kind gern. «Gut, dann sagen wir, wir gehen nach Hause, wenn du aufhörst, brav und ruhig zu spielen.» Vorher hat die Mutter die Tante darauf vorbereitet, daß sie vielleicht nur fünf Minuten bleiben werden. Wenn sie dann dort ankommen, wird es vermutlich nicht lange dauern, bis das Kind das übliche «Spiel» beginnt. Dann versucht die Mutter nicht wie sonst, das Kind vergeblich daran zu hindern, sondern sagt: «Na, wir müssen heute aber schnell nach Hause.» Und dann geht sie nach Hause. Das nächste Mal weiß das Kind, daß die Mutter ihre Absprache einhält – auf jeden Fall bei Tante Else. Die Mutter lernt außerdem vielleicht, keine Absprachen zu treffen, die sie nicht allein erfüllen kann, sondern sie vom Mitwirken des Kindes abhängig machen.

«Bestimme selbst, was du sagst»

Eine Erzieherin, die sich zum Beispiel über die «ewigen Diskussionen» beklagt, die sie wegen der kleinsten Kleinigkeiten mit einem Kind führen muß, muß sich von der Verletzlichkeit befreien, ewig als vernünftig und verständnisvoll auftreten zu müssen, um auf die querulantischen Einwände des Kindes mit einem trockenen «Na und» eingehen zu können: «Es ist ungerecht, daß ich...» – «Du hast selbst gesagt, daß...» – «Na und!» – «Das stimmt nicht, daß...» – «Meine Mutter sagt auch, daß du...» – «Na und!» Bleiben die üblichen Gerechtigkeitserwägungen aus, die Argumente, die man gegen sich selbst findet, und die Versuche, Ursachen zu finden und Schuld zu verteilen, kann der Erwachsene nicht wie bisher in eine Diskussion verwickelt werden.

«Zeige, daß du weißt, was vor sich geht»

Hat es eine Erzieherin z. B. satt, jedesmal, wenn sie mit dem Kind uneinig ist, als «dumm», «gehirnamputiert», «ungerecht» usw. bezeichnet zu werden, könnte eine Vereinbarung darin bestehen, daß sie bei solchen Gelegenheiten konstatierend auf das Spiel hinweist und es zum Problem des Kindes mit der Bemerkung macht: «Du meinst offenbar, du darfst..., wenn du mich als dumme Pute bezeichnest.» – «Das ist aber schade für dich, daß du eine dumme Pute als Erzieherin hast. Was willst du dagegen tun?» – «Wenn du willst, daß ich mir was daraus mache, mußt du dir schon was Schlimmeres einfallen lassen. Kannst du das?» – «Glaubst du, ich ändere meine Meinung, nur um diesen Schimpfwörtern zu entgehen?» Die Erzieherin zeigt hierdurch, daß sie sich nicht länger von den Charakterisierungen des Kindes lenken läßt. Mit anderen Worten, sie macht dem Kind anschaulich, daß sie selbst bestimmt, was sie tun will, um die Anerkennung des Kindes zu erreichen.

«Bestimme selbst, womit du dich beschäftigen willst»

Wenn ein Kind in einer Kampfbeziehung die Aufmerksamkeit erregen will, braucht man nicht notwendigerweise seine eigene Aufmerksamkeit zur Verfügung zu stellen.

Eine Erzieherin beklagt sich darüber, daß alle anderen Kinder geschlagen werden, Beulen, blaue Flecke abbekommen usw. Sie will dieses Problem lösen. Bei der Analyse wird deutlich, daß die Erzieherin, jedesmal wenn Thomas ein Kind geschlagen hat, auf ihn zustürzt, ihn ausschimpft und fragt, warum er das getan habe. Wenn Thomas schlägt, bekommt er prompt die beabsichtigte Aufmerksamkeit.

Die Vereinbarung könnte nun z. B. darin bestehen: Das nächste Mal, wenn Thomas eines der anderen Kinder schlägt, geht die Erzieherin hin und bremst Thomas, ohne ihn dabei anzusehen oder ihm zuzuhören, und wendet dann ihre ganze Aufmerksamkeit dem «Opfer» zu. Da wird dann gepustet und getröstet. Die Aufgabe der Erzieherin besteht darin, das «Opfer» richtig damit zu befriedigen, daß es geschlagen worden ist. «Manchmal», so berichtet eine Erzieherin, «fragt Thomas ganz verwundert: ‹Sagt mir denn keiner, daß ich das nicht darf? Willst du denn gar nicht wissen, warum ich das getan habe?›»

Einige Erzieherinnen waren sehr besorgt darüber, daß ein Kind immer wieder auf das Dach der Tagesstätte kletterte. Während der Analyse der Situation zeigte es sich, daß alle Kinder dastanden und bewundernd zu ihm hochschauten, während die Erwachsenen versuchten, es herunterzulocken und einmal sogar eine Leiter holen mußten, um ihm nachzusteigen. Einer konzentrierten Aufmerksamkeit kann ein Kind in einer Kampfbeziehung natürlich nicht widerstehen. Ebenso kann das Kind bei passender Gelegenheit sich nicht verkneifen hervorzuheben, daß die Erzieherinnen selbst auf das Dach steigen und daß es das von ihnen gelernt habe.

Die Absprache lief darauf hinaus, daß die Erzieherinnen das nächste Mal, als er auf das Dach kletterte, darauf vorbereitet sein sollten, drinnen etwas anzubieten: zum Beispiel den Schluß einer spannenden Geschichte vorlesen, neues Spielzeug auspacken, Kuchen verteilen oder ähnliches. Das Kind war ja nicht auf das Dach geklettert, um keine Zuschauer zu haben und keine Erwachsenen, um an sie zu appellieren und darüber hinaus noch zu verpassen, wobei es immer der erste sein wollte, wozu es am meisten Lust hatte und wovon es am meisten abbekam usw. Jetzt bestand sein Problem darin, so schnell wie möglich in den Gruppenraum zurückzukommen, am liebsten, bevor die anderen…

«Fasse das Problem so auf, wie es dir am besten paßt»

Eine Mutter, die jeden Tag ihr großes, aktives Kind vom Kindergarten nach Hause tragen muß, während sie die Kinderkarre vor sich herschiebt, ihr der Hut über die Augen gezogen wird, und die sich jetzt in chiropraktischer Behandlung befindet, hat sich entschlossen, diese Situation zu ändern und das Kind dazu zu bringen, selbst zu gehen.

Sie kann sich nun entscheiden, wenn das Kind «Hoch» oder «Tragen» sagt, dies wie bisher als Aufforderung aufzufassen, daß es nach Hause getragen werden will. Sie kann sich aber auch entscheiden, es als den Wunsch des Kindes aufzufassen, auf den Arm genommen zu werden, um einen Kuß zu bekommen. Eine Vereinbarung könnte z. B. lauten, daß sie am Morgen sagt: «Wenn ich komme und dich am Nachmittag abhole, dann mußt du aber zu Fuß gehen.» Dazu sagt das Kind wahrscheinlich «Ja», oder aber es macht eine Szene, die sich auf die gewohnte Weise abspielt.

Wenn die Mutter das Kind abholt, muß sie wahrscheinlich die in Verbindung mit dem Abholen üblichen Szenen über sich ergehen lassen. Wenn sie nach draußen kommt, sagt sie jedoch: «Ach ja, es war ja heute abgemacht, daß du selbst gehst», und sie fügt hinzu: «Aber wenn du einen Kuß haben willst, dann nehme ich dich gerne hoch.» Es dauert nicht lange, bis das Kind mit seinem üblichen «Tragen» kommt. Die Mutter sagt: «Ach, du willst jetzt schon einen Kuß haben?» Sie nimmt das Kind hoch, gibt ihm einen zärtlichen Kuß und bleibt dabei stehen. Dann fragt sie: «Hast du jetzt deinen Kuß bekommen?» Wenn das Kind «Ja» sagt, setzt sie es wieder ab. Wenn es «Nein» sagt, gibt sie ihm noch einen Kuß. Wenn sie das Kind auf die Erde gesetzt hat, geht sie weiter. Es dauert nicht lange, bis das Kind wieder einen Kuß haben will bzw. mit seiner üblichen Forderung ankommt, man solle es tragen. Sie antwortet: «Ach, du willst schon wieder einen Kuß haben?», nimmt das Kind hoch, bleibt stehen und gibt ihm einen Kuß. Wenn das einige Male geschehen ist, sagt das Kind: «Wollen wir nicht bald nach Hause?» «Doch, das ist eine gute Idee.» Die Mutter setzt es wieder auf die Erde und geht weiter. Sie zeigt dem Kind, daß die einzige Möglichkeit, nach Hause zu kommen, für das Kind darin besteht, selbst zu laufen. Nachhausekommen wird damit sein Problem und nicht ihres, weswegen sie bisher das Kind tragen mußte, wollte sie dieses Problem lösen.

Erzieherinnen, die z. B. Kindertreffen wegen eines Jungen nicht durchführen können, der die ganze Zeit beim Vorlesen Unruhe verbreitet, weil er hin und her rennt, die anderen Kinder schlägt, stört usw., möchten dies ändern.

Vor dem Kindertreffen wird der Junge gefragt, ob er mit bei dem Treffen dabeisein und ruhig sitzen bleiben will. Hierzu wird er wahrscheinlich zu diesem Zeitpunkt «Ja» sagen. Die Erzieherin sagt dann: «Das freut mich aber. Wenn du aber auf die Toilette mußt, dann melde dich, dann gehe ich mit dir zur Toilette.» Es dauert nicht lange, bis er sich «meldet». Die Erzieherin, die vorliest, liest weiter, im Gegensatz zu früher, wo das Vorlesen unterbrochen wurde, wenn er die Aufmerksamkeit auf sich zu lenken versuchte, und eine andere sagt: «Ach, du mußt schon zur Toilette?» Dann geht sie mit ihm hinaus. Danach gehen sie wieder zur Gruppe hinein. Es dauert nicht lange, bis er wieder unruhig wird: «Ach, du hast noch nicht fertig gepinkelt?» – Also gehen sie wieder zur Toilette. «Ach, das war aber nicht viel, was du diesmal machen mußtest, aber wir können uns ja alle mal irren.» Dann gehen sie wieder rein. Es dauert nicht lange, bis in seiner Ecke wieder Unruhe entsteht. «Also, du mußt heute aber häufig auf die Toilette», die Erzieherin nimmt ihn wieder mit hinaus. Zu irgendeinem Zeitpunkt sagt der Junge: «Ich will nicht auf die Toilette.» Die Erzieherin antwortet: «Wie meinst du, kannst du das vermeiden?» Die Störung ist damit das Problem des Jungen geworden und nicht mehr das Problem der Erzieherin.

Die Erwachsenen machen auf diese Weise deutlich, daß sie dem Kind nicht länger erlauben, den Ablauf von Situationen und Handlungen zu bestimmen, sondern daß sie selbst entscheiden, wobei sie mitspielen wollen.

«Bestimme selbst deinen Preis»

Eine andere Art Absprache kann ihren Ausgangspunkt in der Situation haben, in der eine Erzieherin oder eine Mutter sich darüber beklagen, daß, wenn sie nicht tun, was das Kind fordert, sie mit Schimpfwörtern überschüttet werden, die sie sehr ungern hören.

Wenn Thomas z. B. eine zweite Frikadelle haben will, auch wenn nur eine für jeden da ist, von der Erzieherin keine bekommt und daraufhin diese mit Schimpfwörtern eindeckt, kann die Erzieherin, die sich von der Verletzlichkeit in diesem Punkt befreit hat, sagen: «Ja, das ist ganz in Ordnung, Thomas, wenn du dir die zweite Frikadelle durch Schimpfen verdienen willst, dann will ich aber erst zehn verschiedene Schimpfwörter hören. (Die Anzahl sollte innerhalb der Möglichkeiten des Kindes liegen.) Dann beginnt die Erzieherin zu zählen: «Eins, zwei, drei, nein, Scheiße, das hatten wir schon, das gilt nicht, vier, fünf, sechs, du hast es gestern benutzt. Fällt dir nicht noch eines ein, das mit S beginnt?» Wenn das Kind es geschafft hat, beendet die Erzieherin die Situation damit, daß sie sagt: «Danke, das war Klasse, du hast brav getan, worum ich dich gebeten habe, dafür sollst du natürlich auch die Frikadelle bekommen.» Zu den anderen Kindern sagt sie eventuell: «Ich habe Thomas eine Frikadelle versprochen, jetzt müssen wir mal sehen, was wir Gutes für euch haben.» Wenn er «sein Ziel» nicht erreicht, sagt sie: «Na gut, wenn du die zweite Frikadelle nicht mehr haben willst, ist das auch in Ordnung.»

Das Kind kommt in eine Situation, wo es entweder tut, worum es gebeten wird, oder das tut, was gewünscht wird. In beiden Fällen kann die Erzieherin sich dafür bei ihm bedanken. Das Kind weiß nun, daß es die Schimpfwörter als Druckmittel benutzt, und daß sie nicht mehr alles tut, um sie zu vermeiden. Im Gegenteil, die Erzieherin fordert sie mit einemmal von ihm und legt selbst den Preis fest.

In einer anderen Situation bittet ihn die Erzieherin, seine Sachen aufzuräumen. Als Reaktion darauf wirft er sich wütend auf den Fußboden. Hier kann die Erzieherin z. B. sagen: «Ach, du brüllst, weil du deine Sachen nicht aufräumen willst, dann ist das schon in

Ordnung. Wenn du fünf Minuten lang so wütend sein kannst, wie du jetzt bist, dann räume ich die Sachen für dich weg.» – Sie kann eventuell währenddessen kommentieren: «Jetzt ist es aber schon nicht mehr so gewaltig wie zu Beginn.» – «Dir fehlen nur noch ein paar Minuten, da wäre es doch dumm, wenn du jetzt schon aufhörst.» Wenn das Kind die fünf Minuten schafft, sagt die Erzieherin: «Danke für deine gute Vorstellung – nun werde ich auch gern für dich aufräumen.» Eine solche Vereinbarung wird nicht eingegangen, damit das Kind seine «Aggressionen abreagiert». Es handelt sich, wie vorher erwähnt wurde, nicht um Aggression von seiten des Kindes, sondern um eine Handlung, die bisher eine Funktion erfüllte in bezug auf die Verletzlichkeit des Erwachsenen. Durch die Absprache macht der Erwachsene mittels seiner Forderung deutlich, daß die «Aggression» nicht länger diese Funktion leistet. Beim nächstenmal, wenn Thomas wieder wütend wird, wenn er aufräumen soll, erkundigt sich die Erzieherin: «Nun, willst du dich wieder wie das letzte Mal um das Aufräumen herumwüten?» Jetzt hat Thomas die Wahl, ja oder nein zu sagen. Diese Wahl besaß er vorher nicht, denn die Kampfbeziehung erlegte ihm ja auch einen Zwang auf.

«Versuche selbst das Spiel»

Eine Erzieherin, die nicht gerne angespuckt oder gegen das Schienbein getreten wird, wenn sie nicht macht, was das Kind will, möchte dies ändern.

Nachdem sie verschiedene Verletzlichkeiten bearbeitet hat, könnte die Absprache darauf hinauslaufen, daß sie so etwas als Einladung auffaßt, ein «Spuck-Trete-Spiel» zu spielen – keine Rache oder Konsequenzen, sondern Spiel –, und sie könnte sagen: «Ach, du spielst auch gerne Spuckspiele. Du warst schon dran – jetzt bin ich dran (spuckt), und nun bist du wieder dran.» Dieses Spiel hat das Kind in einer Kampfbeziehung schnell über, es möchte gern damit aufhören. Schlägt das Kind die anderen Kinder, sagt die Erzieherin: «Wenn du gern boxt, dann können wir beide uns ja prügeln.»

Auch das Kind entwickelt mit einemmal ein auffallendes Interesse an friedlicheren Spielen. Denn der Sinn dieser Aktionen bestand ja nicht darin, daß ihm Spucken und Treten selbst widerfahren sollte. Das Kind hatte sich bisher nicht in die Situation der anderen versetzt – mit einemmal wurde es in die gleiche Situation gebracht wie die anderen.

Die genannten Beispiele zeigen, wie die Erwachsenen nach der Zusammenarbeit mit dem Psychologen dem Kind anschaulich machen können, daß er/sie dem Kind nicht länger durch ihre Verletzlichkeiten für Manipulationen zugänglich sind.

Sollte jemand mit unbearbeiteten Verletzlichkeiten und unveränderten Einsichten sich versucht fühlen, einen Vorschlag aus den vorstehenden Beispielen auszuprobieren, ist es gut möglich, daß er/sie in einer noch raffinierteren oder subtileren Kampfbeziehung landet, falls es sich bei seinem Problem überhaupt um eine solche gehandelt haben sollte.

Handelte es sich jedoch um ein anderes Problem, z. B. um ein Kind mit Reaktionen an der Grenze zum Psychotischen, läßt sich nicht ausschließen, daß hierdurch diese Entwicklung beschleunigt wird.

Unsere Beispiele sollen nicht als allgemeine «pädagogische Verhaltensweise gegenüber Kindern in Kampfbeziehungen» verstanden werden, sondern als vom individuellen Fall abhängige Handlungen, mit deren Hilfe ein bewußter Erwachsener, der seine Einsichten verändert und seine Verletzlichkeit bearbeitet hat, in einer konkreten Situation dem Kind deutlich machen kann, daß er/sie nicht länger zu einer Kampfbeziehung bereit ist.

Der Verlauf der zweiten und der folgenden Sitzungen

Wenn wir uns wieder mit den Eltern und den Erzieherinnen treffen, lassen wir uns zunächst beschreiben, wie sich die Vereinbarungen, auf die wir uns gemeinsam geeinigt hatten und die in der Zwischenzeit umgesetzt werden sollten, ausgewirkt haben.

Die Erwachsenen neigen dazu, bei dieser Gelegenheit allgemein und ausufernd den Verlauf als gut oder schlecht zu bewerten. Wir wollen im folgenden einige der allgemeinen Verhaltensweisen der Erwachsenen betrachten, wie wir sie bei einer zweiten und bei nachfolgenden Sitzungen erleben.

«Das Kind hat sich verändert»

In der Zeit seit der ersten Sitzung können sich oft wesentliche Änderungen ereignet haben. Die Erwachsenen erleben dies, als habe sich das Kind völlig verändert. In solchen Situationen ist es normal, daß die Erwachsenen versuchen, die Änderungen als völlig außerhalb ihres eigenen Einflusses zu erklären. Die Erzieherin kann zum Beispiel der Meinung sein, daß «zu Hause etwas geschehen sein muß», oder daß die Veränderung darauf zurückzuführen ist, daß die anderen Kinder plötzlich ihr Verhalten gegenüber dem Kind geändert haben.

Eine alleinerziehende Mutter führt zum Beispiel die Änderung häufig auf ein geändertes Verhalten des Vaters zu dem Kind zurück. Wenn es sich um ein Elternpaar handelt, können die Großeltern oder Ferien als Grund angesehen werden, oder sie meinen, das Kind sei dem problematischen Verhalten «entwachsen». Kurz gesagt, die Eltern und die Erzieherinnen erleben nicht immer unmittelbar den Effekt ihres eigenen Einsatzes, sie bieten unter Umständen sehr viel Erfindungsgabe im Wegdeuten ihres eigenen Anteils an der Änderung auf. Es ist nun die Aufgabe des Psychologen, für eine ganz konkrete Beschreibung der abgelaufenen Situationen und der wechselseitigen Handlungen der Erwachsenen und des Kindes in diesen Situationen zu sorgen.

Wir fragen also, wie das eigentlich mit den Absprachen vom letztenmal gelaufen ist, wie sie durchgeführt worden sind: «Hat es Situationen gegeben, in denen das Kind…?» – «Was hat es getan…?» – «Wie hast du eingegriffen?» – «Also, du hast so gehandelt, wie es abgesprochen war?» – «Wie hat sich das ausgewirkt?» – «Da war es wohl verblüfft.» – «Damit hatte es offenbar nicht gerechnet.» – «Was war beim nächstenmal , als es…?» – «Ach, da hat es zu dir hinübergeschielt und von selbst aufgehört?» – «Hat es das seitdem nicht mehr getan?» – «Ach, es hat also sofort damit aufgehört.» – «Du hast sonst, wenn ich mich recht erinnere, längere Zeit mit ihm debattiert?» – «Ach, du hast überhaupt nicht mit ihm gesprochen, dann hat es also überhaupt nicht im Mittelpunkt gestanden.» – «Glaubst du, daß es damit zu tun haben kann, daß es aufgehört hat?» – «Ach, du hast dich dafür interessiert, was es gebaut hat, als es dasaß und mit Lego gespielt hat. Sonst hast du es nicht gestört, wenn es endlich mal ruhig war.» Wofür die Psychologen sorgen müssen ist, daß sie die Erwachsenen dazu bringen, selbst den Zusammenhang zwischen ihren eigenen und den veränderten Handlungen des Kindes wahrzunehmen.

Wenn Eltern und Erzieherinnen keine Gelegenheit gefunden haben, das Besprochene durchzuführen, und deshalb scheinbar nichts unternommen haben, was sich wesentlich von dem unterscheidet, was sie früher taten, dann kann es ihnen seltsam vorkommen, daß das veränderte Verhalten des Kindes etwas mit *ihnen* zu tun haben soll. Wenn sich die Absprache zum Beispiel auf eine Situation beim Essen bezog, können wir fragen: «Was habt ihr denn am nächsten Tag gemacht, als ihr essen wolltet?» – «Ihr habt also gespannt gewartet, daß es mit seinen Clownerien anfängt, damit ihr endlich beginnen konntet?» – «Ihr habt euch doch sonst nicht gerade auf Clownerien gefreut.» – «Es hat offenbar bemerkt, daß ihr nicht so unruhig wart wie sonst.» – «Da hat es euch also angeführt.» – «Und wie war es am nächsten Tag?» – «Ach, auch nicht. Es führt euch jetzt scheinbar jeden Tag an, indem es einfach dasitzt und ganz brav ißt.» – «Was tut ihr dann?» – «Ach, ihr sitzt da und unterhaltet euch mit ihm.» – «Das habt ihr aber früher, nach allem, was ihr erzählt habt, nicht gemacht.»

Um die geänderte Situation verständlich zu machen und zu konsolidieren, kann man sagen: «Glaubt ihr, das hat damit zu tun, daß ihr nicht länger Angst vor den Szenen habt?» – «Was macht dich so sicher?» – «Ja, aber was ist, wenn es nun...?» – «Wie kommt es, daß du plötzlich diese Einstellung zu ihm hast?» – «Was könnte es tun, um dich wieder zu verunsichern?» – «Ach, du meinst, da bestünden keine großen Chancen, daß es das noch einmal schaffen könnte?»

Wenn den Erwachsenen klargeworden ist, daß die geänderten Handlungen des Kindes *doch* mit ihrer eigenen veränderten Haltung und Sicherheit in der Situation zusammenhängen, sollte man auf jeden Fall – um die neue Form des Zusammenlebens nachdrücklich zu stabilisieren – genau untersuchen, wie auch ihre ursprünglichen Gefühle, Bedenken und Meinungen – ihre Verletzlichkeiten – den Charakter geändert haben. Dies kann zum Beispiel dadurch geschehen, daß man fragt: «Meinst du immer noch, daß es in ein Heim gehört?» – «Das letzte Mal sagtest du etwas davon, es lade geradezu dazu ein, ihm eine Ohrfeige zu verpassen, wie stehst du jetzt dazu?» – «Findest du, das war hart, als du...?» – «Wie ging es dir, als...?» – «Beurteilst du dich als weniger demokratisch, weil du dir nicht bieten läßt, daß es...»?

Danach wird gemeinsam untersucht, welche anderen Situationen verändert werden sollten.

In einigen Fällen kommt es vor, daß das gesamte Verhältnis Erwachsener – Kind seinen Charakter verändert hat. Wir fragen dann nach und bekommen eine konkrete Beschreibung, wie sich das Kind in anderen Situationen darstellt, die nicht direkt in die bisherige Arbeit einbezogen gewesen waren. Hierdurch bekommt man einen Eindruck davon, wie weit man von einer partiellen Änderung sprechen kann oder ob das Kind sich generell im Verhältnis zur Umwelt verändert hat. Ist letzteres der Fall, wird ein wenig darüber gesprochen, welchen bedeutenden Einsatz die Erwachsenen rein faktisch im Verhalten dem Kind gegenüber geleistet haben. Zum Schluß der Sitzung sollte man übereinkommen, sich zu treffen, falls wieder Probleme entstehen sollten.

«Es geht immer noch schlecht»

In anderen Fällen erzählen die Erwachsenen zu Beginn der Sitzung, daß es immer noch schlecht oder nicht zufriedenstellend zwischen ihnen und dem Kind läuft. Der Psychologe sorgt nun für Klarheit darüber, welche konkreten Situationen Anlaß für diese Bewertung sind. Oft zeigt sich dann, daß die Erwachsenen von einer ganz anderen Situation sprechen als von der, auf die sich die Abmachung bezog.

Wenn wir zum Beispiel bei der ersten Sitzung eine Absprache über den Ablauf des Essens getroffen haben, wird erst bei einer direkten Nachfrage deutlich, daß «*dabei* keine Probleme mehr auftauchen». Nun wird gefragt, wie das Essen verlaufen ist. Es fällt den Erwachsenen häufig schwer, sich daran zu erinnern. Durch gezielte Fragen und ohne Zeitdruck wird daran gearbeitet, sich die Situationen wieder klar vor Augen zu führen und dabei deutlich zu machen, welchen Anteil die Erwachsenen an der Veränderung haben. Wir bleiben bei diesem Punkt, bis die Erwachsenen verstehen, wie die Änderung der Situation vor sich gegangen ist, die zu ändern sie sich bei der letzten Sitzung vorgenommen hatten. Das kann eventuell durch ein wenig neckende Bemerkungen geschehen, wie: «Ach nein, natürlich hast du keinerlei Einfluß darauf, wenn du nicht wie gewöhnlich hochgehst.» – «Es ist natürlich nicht von Bedeutung, ob du...» – «Ja, natürlich ist es nur das Kind, das sich entschließt, auf einmal ordentlich zu essen.» – «Ach, du meinst, es sind die anderen Kinder, die die Probleme für dich lösen.» – «Aha, du denkst also, das kam ganz von allein.»

Erst wenn sie ihren eigenen Anteil an der veränderten Situation erkennen, kehren wir zu den problematischen Situationen zurück, die sie zu Beginn erwähnt hatten. Häufig erweisen sich diese als nicht annähernd so schwierig wie die Situationen, die sie schon verändert haben, weil diese die «schlimmste» bei der vorherigen Sitzung war. Danach besteht die Aufgabe darin, einige Probleme zu klären, nachdem einem gerade bewußt geworden ist, daß man ein Problem gelöst hat, das schlimmer war. Vor diesem Hintergrund wird mit der Situation gearbeitet, die *jetzt* am drängendsten ist.

Es kann verschiedene Gründe geben, warum die Erwachsenen neue Probleme präsentieren, anstatt die Änderungen in den Mittelpunkt zu stellen, die ihnen in den besprochenen Situationen gelungen sind. Das Erlebnis, daß sich Probleme lösen lassen, kann dazu führen, daß die Erwachsenen nun wagen, sich Problemen bewußt zu stellen, die sie bisher beiseite geschoben hatten. Die gesteigerte Motivation, etwas zu ändern, wird dadurch unterstützt, daß man bei der nächsten Sitzung mehrere oder umfassendere Situationen bearbeitet. Ist dagegen die Rede von Angst vor der Verantwortung, die der Einsicht folgt, welche Bedeutung sie selbst für die Situation des Kindes haben, muß diese Angst bearbeitet werden.

«Wir haben nicht das Richtige gemacht»

Ab und zu kommt es vor, daß die Erwachsenen einerseits so intensiv mit dem beschäftigt gewesen sind, was sie durchführen sollten, und andererseits ihrem eigenen Einsatz so kritisch gegenüberstehen, daß sie ganz die Wirkungen des «Unvollkommenen» übersehen haben, das sie *getan* haben. In diesem Fall konzentrieren wir uns auf das, was die Erwachsenen getan haben (auch wenn es möglicherweise etwas anderes als die Absprache war), und darauf, wie die Situation durch ihr Handeln beeinflußt wurde.

Die Gründe für einen solchen Verlauf können unterschiedlicher Natur sein. Oft zeigt sich eine unzureichende Bearbeitung der aktivierten Verletzlichkeiten.

Es kann aber auch sein, daß bei der ersten Sitzung die problematischen Situationen unzureichend durchgearbeitet worden sind; auch können zu komplizierte Absprachen getroffen worden sein.

«Es ließ sich nicht durchführen»

Schließlich kann die zweite Sitzung mit einigen Erklärungen darüber – und Entschuldigungen dafür – beginnen, warum es nicht oder nur teilweise möglich gewesen ist, die Absprachen durchzuführen.

Dies kann entweder damit zusammenhängen, daß wir zu früh mit den Absprachen begonnen haben oder daß die aktivierten Verletzlichkeiten unzulänglich bearbeitet worden sind. Durch die Absprache von Handlungen kann auch eine Dynamik provoziert worden sein, von der die Beteiligten bei der ersten Sitzung nichts ahnten. Hier spürt man als Psychologe häufig eine große, aber in der Regel bestrittene Unlust, sich konkret zu äußern. Es wird trotzdem recht schnell deutlich, daß dort Faktoren vorliegen, die unbedingt in die weitere Arbeit einbezogen werden müssen. Das Ganze muß entwirrt und bearbeitet werden, bis allen klar ist, wie die Dynamik in der konkreten Situation eigentlich wirkt und woher in diesem Fall der Widerwille kommt, ein anderes Zusammenspiel mit dem Kind einzugehen.

Durch die Gespräche wird auf neue Absprachen für die Beziehung zum Kind hingearbeitet. Dabei muß immer berücksichtigt werden, wie weit die Arbeit mit der Dynamik zum aktuellen Zeitpunkt gediehen ist. Auf diese Weise soll mit der Durchführung der abgesprochenen Handlungen – außer einer Änderung der konkreten Situation – auch eine neue Einsicht provoziert werden. Die Analyse dieser neuen Einsicht soll eine Basis für die nächsten Handlungsschritte abgeben usw.

Ist die blockierende Dynamik z. B. ein Problem aus der Beziehung der Eltern zueinander nebst allen daraus folgenden Problemen, muß den Eltern die Dynamik so klar gemacht werden, daß sie in der Lage sind, das Kind von ihren Problemen zu befreien. Die meisten Erwachsenen werden sich weigern, an ihren eigenen Problemen des Zusammenlebens zu arbeiten. Schließlich sind sie gekommen, um sich bei der Lösung ihrer Probleme mit dem Kind helfen zu lassen.

Sind aber die Probleme mit dem Kind geklärt, haben die meisten auch Lust, Hilfe bei der Lösung ihrer eigenen Lebensprobleme anzunehmen. Hierzu kommt, daß im großen und ganzen alle Erwachsenen «Probleme» haben, aber dennoch ihre Elternrolle ausfüllen können. Von Zeit zu Zeit brauchen sie jedoch etwas Hilfe, damit sie das Kind nicht in diese Probleme einbeziehen.

Stößt man bei den Erzieherinnen auf Entschuldigungen und Erklärungen, arbeitet man in gleicher Weise auf die Einbeziehung der Faktoren hin, die durch die Absprachen hervorgerufen worden sind. Auf ähnliche Weise wie oben beschrieben wird dann weiter daran gearbeitet, bis die Dynamik in der konkreten Situation – und der Widerwille, hier ein anderes Zusammenspiel mit dem Kind einzuführen – offenliegt. Von Mal zu Mal werden neue Absprachen getroffen, wobei berücksichtigt wird, wie sich die Dynamik zwischen den implizierten Personen zum gegebenen Zeitpunkt darstellt.

Was mit dem Kind geschieht, wenn der Erwachsene sich aus der Kampfbeziehung löst

Löst sich der Erwachsene zum erstenmal *bewußt* aus der Kampfbeziehung, registriert das Kind dank seiner Aufmerksamkeit gegenüber den Reaktionen des primären Erwachsenen augenblicklich, daß es jetzt nicht mehr den üblichen Erwachsenen vor sich hat. Nur wenige Kinder in Kampfbeziehungen versuchen in dieser Situation sofort auszuprobieren, welche anderen Verletzlichkeiten des Erwachsenen denn *jetzt* aktiviert werden müssen.

Normalerweise ist das Kind statt dessen verwundert und konzentriert sich darauf herauszufinden, was das für ein Erwachsener ist, dem es *jetzt* gegenübersteht. Das Kind verhält sich abwartend, während es dem Erwachsenen gleichzeitig aufmerksam folgt. Fällt dem Kind nun auf, daß der Erwachsene nicht mehr ängstlich / nervös oder irritiert / wütend ist und deshalb nicht den Kontakt mit ihm meidet, sondern im Gegenteil an ihm interessiert ist, auch wenn es «nichts angestellt hat» – dann hat das Kind in der Kampfbeziehung ein höchst ungewöhnliches Erlebnis gehabt, das natürlich nicht unbemerkt vorbeigeht.

Beginnt das Kind nach diesem Erlebnis das nächste Mal einen Kampf mit dem Erwachsenen, dann geschieht dies selbstverständlich etwas kleinlauter und unsicherer, als dies vorher der Fall war. Vor diesem Hintergrund vermeidet es der Erwachsene *dieses* Mal leichter, sich in die Kampfbeziehung ziehen zu lassen. Da der Erwachsene schon einmal zuvor bewußt und erfolgreich aus der Kampfbeziehung herausgetreten ist und dabei festgestellt hat, wie anders ein Zusammenleben mit dem Kind sein kann, liegt es nahe, daß der Erwachsene dies gerne wieder tun wird.

Zieht man die geringere Sicherheit des Kindes und die größere des Erwachsenen beim «Abwehrmanöver» in Betracht, ist die Wahrscheinlichkeit bedeutend geringer, daß es dem Kind in dieser Situation gelingt, eine Kampfbeziehung aufzunehmen. Beim Erwachsenen wächst mit der Zeit die Einsicht, daß er sich auf «so etwas» nicht einzulassen braucht. Er braucht deswegen nur einige Situationen, damit das Kind es aufgibt, mit zumindest diesem Erwachsenen eine Kampfbeziehung einzugehen, denn «das läuft offenbar nicht». Der Erwachsene braucht dann auch keine Angst davor zu haben, eine Kampfbeziehung auszulösen, wenn er nun die Initiative zu einem Kontakt mit dem Kind ergreift. «Um das Kind muß man sich keine Sorgen machen – man kann ganz nett mit ihm zusammensein.»

Verweigert die Mutter ein Eis, sagt das Kind zum Beispiel: «Du bist doof, Mami!» und erwartet, daß die Mutter wie gewöhnlich mit einer längeren Ausführung darüber beginnt, daß sie bestimmt nicht doof ist, daß alles nur zu seinem Besten geschieht und daß das Kind doch gerade... usw. usw. Irgendwann stolpert die Mutter – gut geleitet durch Gegenargumente – in einen Widerspruch, an dem sich das Kind dann festhakt. Es wird deutlich, daß die Mutter entweder dumm ist oder aber ihrem Kind ein Eis kauft. Die Verletzlichkeit der Mutter – nicht gern als ungerecht oder unvernünftig dastehen zu wollen – führt dazu, daß sie nachgibt und das Eis kauft.

Antwortet die Mutter jedoch: «Ach, das tut mir aber leid für dich, daß du eine dumme Mutter hast», dann hat das Kind es eilig: «Was soll denn das?» – «Stört es sie nicht mehr, dumm genannt zu werden?» – «Was soll mir denn nun leid tun?» – «Wieso kauft sie mir jetzt kein Eis?» usw. Das verwunderte Kind ergreift nicht die Initiative, sondern folgt brav der Mutter, die weitergeht und sich mit ihm unterhält. Die Mutter sagt vielleicht später spontan: «Oh, es macht heute Spaß, mit dir spazierenzugehen, wollen wir nicht

In den ersten Jahren ...

… seiner Jugend muß das Kind ein gewaltiges Lernpensum bewältigen. Es muß sich Dinge aneignen, die für sein späteres Leben von großer Bedeutung sind.

Ein besonders schwieriger Abschnitt ist das «Trotzalter», in dem der kleine Mensch die eigenen Kräfte am Widerstand der Erwachsenen erprobt.

Kluge Eltern werden diese dornenvollen Monate gelassen überstehen. Sie wissen, daß aus trotzigen «Gegnern» einmal Partner werden, für deren Zukunft es beizeiten Vorsorge zu treffen gilt.

vielleicht mal sehen, ob…?» Das Kind hat genau registriert, daß die Mutter es zu schätzen weiß, wenn man friedlich spazierengeht. Um dies zu verhindern, hat das Kind bisher schließlich sein Bestes getan – weil es damit etwas «erreichen» konnte als Gegenleistung für Frieden. Und nun geht die Mutter friedlich mit ihm spazieren, ohne daß sie etwas dafür bezahlen mußte. «Was ist denn nun los?»

Serviert die Mutter zum Nachtisch Eis mit einer Bemerkung wie: «Nach so einem netten Spaziergang mit dir hatte ich einfach Lust darauf!», dann wird sich das Kind überlegen, daß man offenbar auch zu einem Eis kommen kann, ohne vorausgehende Verhandlungen und Druck. Auch dies stellt eine neue Erfahrung dar.

Das Kind, das nicht mehr davon in Anspruch genommen wird, seine Aktivitäten ständig nach den Verletzlichkeiten des Erwachsenen auswählen zu müssen, kann nun in Ruhe seine eigenen Bedürfnisse und Interessen entdecken, von denen aus es dann seine Aktivitäten organisieren kann. Das Kind hat sich früher auf Mittel konzentriert, die zum Ziel führen, und hierbei das Ziel aus dem Blick verloren – zum Beispiel hat es sich auf Aufmerksamkeit / Macht konzentriert, und das Ziel, Kontakt, aus dem Blick verloren. Es kann jetzt seine Handlungen direkter in bezug auf seine Ziele / Bedürfnisse organisieren. Das Kind mußte vorher seine eigenen Bedürfnisse außer acht lassen – um den Erwachsenen dauernd festhalten zu können. Jetzt sind es die eigenen Bedürfnisse / Interessen des Kindes, die seine Aktivitäten steuern.

Zu erleben, wie sich das Kind damit beschäftigt, seinen bisher beiseite geschobenen Bedürfnissen nachzukommen, ist eine gute Erfahrung, die den Erwachsenen zusätzlich motiviert.

Werden die bisherigen Methoden des Kindes, die Aufmerksamkeit des Erwachsenen zu erzwingen, wirkungslos, und erfährt es statt dessen zustimmendes Interesse von seiten des Erwachsenen, eröffnet sich dem Kind die Möglichkeit, zu experimentieren und sich zu entfalten, ohne hierfür unbedingt des Erwachsenen zu bedürfen. Es macht die Erfahrung, von Bedeutung zu sein, nicht dadurch, daß es Druck auf den Erwachsenen ausübt, sondern dies gelingt ihm durch sein spontanes Tun und Lassen. Bei dieser Entwicklung haben wir nur selten feststellen müssen, daß das Kind wieder eine Kampfbeziehung eingeht. Erst jetzt ist das Kind in der Lage, für seine realen Bedürfnisse zu kämpfen – und das ist etwas ganz anderes als eine Kampfbeziehung.

Wenn das Kind erlebt, daß auf seine Bedürfnisse eingegangen wird, fühlt es sich offenbar nicht veranlaßt, wieder zu den «schiefen» Bedürfnisbefriedigungen zurückzukehren.

Wenn das Kind aus der Kampfbeziehung zu seinen nächsten Erwachsenen befreit ist, ist es damit auch frei, sich auf anderen Gebieten zu entwickeln.

Erst wenn der Kontakt des Kindes zum Erwachsenen seine Qualität geändert hat, besteht für das Kind die Möglichkeit, auch in eine nicht manipulierende oder dominierende Beziehung zu anderen Kindern einzutreten. Mit anderen Kindern gemeinsam zu spielen, war dem Kind bisher unmöglich, da diese nicht – wie die Erwachsenen – durch ihre Verletzlichkeiten zu beeinflussen gewesen waren. Zu Beginn spielt das Kind vielleicht mit Kindern, die jünger sind als es selbst. Wenn die anfängliche Unsicherheit vorbei ist, schließt es sich schnell gleichaltrigen Kindern an.

Wenn das Kind zu erfahren beginnt, wieviel Spaß ihm die Gemeinschaft mit anderen Kindern macht, wird es schnell das bisher entbehrte Beisammensein nachzuholen suchen.

Das Kind ist nun nicht länger auf den Kontakt zu Erwachsenen angewiesen, seine Abhängigkeit wird geringer. Der geringere Druck auf den Erwachsenenkontakt bewirkt wiederum, daß die Erwachsenen ihrerseits ihm weiter entgegenkommen.

Mit den veränderten Kontaktformen des Kindes wird die Abwehr gegen einfühlendes Einleben überflüssig. Muß sich das Kind zum Beispiel nicht mehr dagegen wehren, die schmerzlichen Folgen seiner Handlungen wahrzunehmen, und erlebt es statt dessen die Freude der anderen über seine Handlungen, wird es den Wert einfühlenden, solidarischen Einlebens erkennen und seine Handlungen an ihm ausrichten.

Dadurch können die Regeln von Ethik und Moral, die früher nur für die anderen galten, nun auch für das Kind Geltung erlangen. Es kann nun Erfahrungen sammeln, die diese moralisch-ethische Entwicklung fördern, die sonst zum Stillstand gekommen wäre.

Steht die Kompetenz des Erwachsenen nicht mehr für die Initiative des Kindes zur Verfügung und freut sich das Kind außerdem darüber, daß es seine eigene Kompetenz auf bisher vernachlässigten Gebieten entwickelt hat, dann entwickeln sich seine Fähigkeiten schnell, da die Vitalität und die Mittel des Kindes hierfür nun zur Verfügung stehen.

Sowie sich die Kompetenz des Kindes entwickelt, überwindet es auch seine Erlebnisse von Ohnmacht und Abhängigkeit gegenüber den Erwachsenen. Das Kind macht die Erfahrung, daß Aufgaben, die sich nicht unmittelbar lösen lassen, gelöst werden können, daß man nicht verachtet wird, weil man «nicht der Beste» ist, und daß man mit der freiwilligen Hilfe anderer rechnen kann, wenn man sie brauchen sollte. Das Kind wird auf diese Weise souveräner. Es «ruht in sich» statt in Beziehungen.

Wenn die Erwachsenen nicht länger bedroht werden können und die Kompetenz des Erwachsenen nicht länger der Initiative des Kindes ausgesetzt ist, verschwindet die Grundlage für das Allmachtgefühl des Kindes. Das Fehlen von Allmacht erweist sich nicht als erschreckend, sondern wird im Gegenteil als befreiend empfunden (man darf klein / schwach sein, muß nicht immer der Beste, Tollste usw. sein); die Allmacht wird somit uninteressant. Auf diese Weise wird die Problematik von Allmacht und Ohnmacht schnell ganz nebensächlich für Kinder, die sich aus Kampfbeziehungen gelöst haben.

Für diesen Änderungsprozeß sprechen eine Reihe auch äußerlicher Zeichen: Das Kind kann offen und spontan seine Gefühle zeigen, es ist eventuelle körperliche Verspannungen losgeworden, es tritt entkrampft auf und beginnt an ausdrucksbetonten Tätigkeiten wie Tanz und Rhythmik teilzunehmen. Außerdem ist das Kind in der Lage, sich zu konzentrieren, es kann Aufgaben übernehmen, bei denen es nicht sonderlich gut ist, und kann sich über selbstgeschaffene Produkte freuen. Das Kind erzählt von den Ereignissen des Tages, ohne zu prahlen und die Proportionen zu verschieben. Es interessiert sich jetzt für die Aktivitäten selbst und nicht nur den sozialen Status, den diese verleihen. Das Kind kann nun auch untergeordnete Rollen im Spiel akzeptieren, die Leistungen anderer genießen und andere gewinnen lassen, ohne deshalb das Interesse am Spiel zu verlieren. Schließlich kann es Kompromisse eingehen, sich einigen und beschützen, statt die Schwächen anderer auszunutzen.

Ist die Kampfbeziehung zu unmittelbaren Bezugspersonen aufgelöst (sowohl daheim als auch in der Tagesstätte oder Schule), dann versucht das Kind nach unseren Beobachtungen nur sehr selten, die Kampfbeziehungen wiederaufzunehmen – im Gegenteil, das Kind kann sich manchmal sogar dem Versuch des Erwachsenen entziehen, sie wieder einzuführen.

«Mama, kannst du bitte damit aufhören, mir immer alles mehrmals zu sagen! Das ist nicht nötig.» Von Zeit zu Zeit kann man sogar feststellen, daß das Kind – wenn es aus Kampfbeziehungen zu einigen der unmittelbaren Bezugspersonen herausgelöst ist – diese Beziehung von sich aus gegenüber anderen, ihm ferner stehenden Erwachsenen beendet.

Ist die Kampfbeziehung jedoch nicht gegenüber *allen* primären Erwachsenen beendet, kann man oft erleben, daß das Kind bei neuen Erwachsenenkontakten (z. B. bei neuen Lehrern) mit den alten Methoden zu untersuchen beginnt, mit was für einer Art Erwachsener man es nun zu tun hat.

Die Änderungen in der Verhaltensweise des Kindes geschehen verblüffend schnell, aber sie sind selbstverständlich davon abhängig, in welchem Maß der Erwachsene in der Lage ist, sich selbst aus der Kampfbeziehung zu lösen und eine andere Beziehung zu dem Kind aufzunehmen.

Die Trennung des Kindes in einer Kampfbeziehung von seiner unmittelbaren Umgebung

Wenn die Kampfbeziehung zwischen einem Kind und seinen primären Bezugspersonen auf Kosten anderer Formen des Zusammenlebens dominierend bleibt, können die Eltern mit der Zeit so «verbraucht» sein, daß sie es nicht mehr schaffen, mit dem Kind zurechtzukommen; sie haben unter Umständen den Eindruck, daß sie die Geschwister vernachlässigen, sie haben Schwierigkeiten, das alltägliche Leben zu bewältigen und den Anforderungen des Arbeitslebens zu genügen.

Ändert sich die Kampfbeziehung nicht, wird eine Pause im Beisammensein immer verlockender. Den Eltern hat schon längere Zeit vor den ständigen Klagen über die Schwierigkeiten, die man mit ihrem Kind in der Tagesstätte hat, gegraut. Nachdem das Kind in die Schule gekommen ist, kommen die Klagen auch von dort. Das Kind kann zum Beispiel als «nicht unterrichtbar», «störend», «verhaltensschwierig» bezeichnet werden. Man ist in jedem Fall der Überzeugung, es müsse genauer von einem Schulpsychologen untersucht werden und danach auch noch zur Beobachtung.

Zu diesem Zeitpunkt können es sich nur die wohlhabendsten Eltern leisten, nein zu sagen. Andere müssen aufgeben.

Es kommt darum nicht selten vor, daß Kinder, die in einer Kampfbeziehung stecken, für kürzere und danach längere Perioden von zu Hause weggegeben werden.

Was mit dem Kind geschieht, wenn es außer Haus kommt

Ein Kind in einer Kampfbeziehung hat in der Regel Jahre hindurch täglich mehrmals die Erfahrung gemacht, daß es unerwünscht ist. Dies führt schließlich zu einer unterschwelligen Angst davor, total abgewiesen zu werden. Parallel dazu wird dem Kind manchmal versichert, wie lieb man es hat, und es hat auch manchmal erlebt, daß dies so ist.

Wenn es nun in einem Heim untergebracht wird, wird diese Angst als Gewißheit eingestuft, und die Versicherungen und realen Anerkennungen werden disqualifiziert. («Da haben sie gezeigt, was sie wirklich meinten.») Das Gefühl der Katastrophe hat sich also als Realität herausgestellt. Die Ablehnung der Handlungen des Kindes wird zu einer Ablehnung dessen, was das Kind *ist*, mit anderen Worten: seiner Identität.

Es geschieht also sowohl eine Bestätigung wie eine Verstärkung der bis dahin situationsgebundenen Identität, die dadurch zusätzlich verselbständigt wird. Diese Erfahrungen werden verinnerlicht. Die Ablehnung wirkt auf der einen Seite als selbstverschuldet; auf der anderen Seite wird aber das Wegschicken von zu Hause als ein monströser Übergriff erlebt, gegen den das Kind machtlos ist. Dies ist für ein Kind in einer Kampfbeziehung äußerst provozierend.

Das Kind wird nun ernsthaft mit seiner Ohnmacht konfrontiert, die äußerst schlimme Konsequenzen für das Kind hat. Die Ohnmacht erscheint hierdurch besonders erschreckend und die Allmacht besonders notwendig. Hinzu kommt, daß die Autonomie dieser Kinder in ausgeprägtem Maße auf der Beziehung zu den primären Bezugspersonen beruht, der Bruch der Beziehung wird also identitätsbedrohend. Gegenüber diesen Erlebnissen reagiert das Kind mit Angst, Wut, Haß, Bitterkeit und Verachtung in ziemlich aggressiver Form. Alles wird außerdem als wahnsinnig ungerecht erlebt. Der Schutz, auf den das Kind gehofft hatte – den es jedoch bezweifelte –, fehlt jetzt mit einemmal. Die Eifersucht gegenüber daheim lebenden Geschwistern wird immer heftiger, da sie einen Sinn bekommt. Diese Erfahrungen führen zu einem gewissen Zynismus und zu Verzweiflung.

Der Verlust der für das Kind bedeutungsvollsten Menschen führt zu einer Art Trauererlebnis. Das Kind hat tatsächlich erlebt, daß es unzumutbar ist (es wird ja wirklich im Stich gelassen), es wird unzugänglich für Bearbeitung und gleitet deshalb immer tiefer in Leere und Gleichgültigkeit gegenüber der Umwelt.

Die alten Verteidigungsmechanismen wie Verdrängung, Bestreitung und Projektion werden nun besonders notwendig. Wo sie früher im stärksten Maße als Abwehrreaktion in der Beziehung zur Umwelt dienten, werden sie jetzt auch gegenüber den eigenen Gefühlen, der Sorge, der Ohnmacht, Wut und Verzweiflung eingesetzt.

Ist die Einweisung in ein Heim erfolgt und befindet sich das Kind außerhalb der Ursprungsfamilie, finden sich die Phantasien ein, die die Familie betreffen. Zentral bei diesen Phantasien ist die Hoffnung, daß die Eltern einen trotzdem so akzeptieren, wie man ist, einen lieben, einen vermissen und bereuen, daß sie einen von zu Hause weggeschickt haben, und daß sie nun planen, wieder mit einem vereint zu werden.

Das geringste Zeichen, das in diese Richtung gedeutet werden kann, wird energisch gepflegt, z. B. können versprochene Telefonanrufe das Kind stundenlang wartend am Telefon festhalten, und die Enttäuschung über das Ausbleiben ist äußerst heftig. Die Anzahl der Geschenke, Süßigkeiten und anderer Dinge, die es bei Besuchen zu Hause erhält, kann gar nicht groß genug sein. Es spricht sehr häufig von gemeinsamen Ferien und der möglichen Rückkehr in die Familie. Parallel dazu entwickelt es gewaltigen Haß und Verachtung für die Erwachsenen, die das Kind im Stich gelassen haben. Diese Seite tritt besonders bei Besuchen zu Hause hervor, bei denen dem Druck des Kindes auf die Erwachsenen freier Lauf gelassen wird, unabhängig davon, ob das Kind so etwas braucht oder in dem jetzigen täglichen Umfeld längst damit aufgehört hat. Wenn das Kind von der Ursprungsfamilie getrennt wurde, tritt die Sehnsucht in den Vordergrund, während der Haß dominierend wird, wenn sie beisammen sind. Mit anderen Worten, das Kind befindet sich mit seinen Gefühlen immer außerhalb der Möglichkeiten seiner aktuellen Situation.

Was mit den Eltern geschieht

Wenn das Kind von zu Hause weggegeben wurde, setzt sich die Ambivalenz der Erwachsenen im Verhältnis zum Kind fort. Auf der einen Seite ist die Erleichterung sehr groß, von dem Kind befreit zu sein, aber entsprechend groß ist das schlechte Gewissen darüber, aufgegeben zu haben. Außerdem stellen sich reale Gefühle des Verlustes ein. Das Gefühl der Ohnmacht, das die Mütter/Eltern dem Kind gegenüber hatten, wird bewertet. Das Gefühl der Inkompetenz wird bekräftigt, in noch stärkerem Maße, wenn es dem Kind in der neuen Umgebung «gutgeht». Diese Gefühle werden bei jedem Besuch des Kindes daheim genährt und bestätigt, weil hier das Zusammenwirken in der Kampfbeziehung von beiden Seiten die besten Bedingungen vorfindet, die dann auch bis zum äußersten genutzt werden.

Wohl um sich gegen die Konfrontation mit diesen Gefühlen zu schützen, haben wir einzelne Eltern erlebt, die das «Interesse verlieren» (sich schützen) und das Kind nicht sehen wollen, worauf das Kind natürlich reagiert. Die Eltern schlagen sich oft damit herum, wem sie die Schuld geben sollen – dem Kind oder sich selbst –, wer «unmöglich» war – das Kind oder die Eltern. Werden die Gefühlsreaktionen auf die Unterbringung des Kindes außerhalb von zu Hause nicht therapeutisch bearbeitet (was sie in der Praxis nie werden), werden die Eltern in zunehmendem Maße außerstande sein, das Kind wieder in der Familie aufzunehmen. Ihr Interesse für das Kind wird häufig zudem noch von anderen Problemen abgelenkt.

Die Motivation der ursprünglichen Umgebung, sich zu ändern, ist nun bedeutend abgeschwächt. Zunächst einmal haben die Eltern nicht den täglichen Kontakt, die täglichen Probleme mit dem Kind. Auch wenn ihre Gefühle und ihr Gewissen belastet sind, weil sie sich gezwungen sahen, ihr Kind wegzugeben, ist der Gedanke an eine Belastung ähnlicher Art wie der, der sie gerade entkommen sind, sehr erschreckend. Das gesteigerte Gefühl der Unzulänglichkeit wirkt in der gleichen Richtung. Es besteht bei den Eltern deshalb nicht sehr viel Optimismus, auf dem man aufbauen kann. Die Trennung verstärkt außerdem die Neigung, sich an die Überzeugung zu klammern, daß es das Kind ist, mit dem etwas nicht stimmt. Dieser Gesichtspunkt gewinnt besondere Bedeutung vor dem Hintergrund des oben erwähnten Gefühls der Unzulänglichkeit. Die Meinung, es sei das Kind, mit dem etwas nicht stimmt, wird im übrigen bei jedem Besuch des Kindes daheim bestätigt.

Nachdem das Kind von zu Hause fort ist, können andere Änderungen in der Familie eintreten. Nicht selten ist die vorher alleinstehende Mutter nun nicht mehr allein, und diese neue Situation will sie nicht aufs Spiel setzen. Wenn der neue Mann das «Ungeheuer» gesehen hat, das von Zeit zu Zeit zu Besuch kommt, sagt er: «Er oder ich.» Schließlich kann es in gewissen Fällen eine Rolle spielen, daß die Eltern eine neue Identität als «Eltern eines Heimkindes» bekommen haben. Sie können sich – gemeinsam mit Eltern in der gleichen Lage – für die Probleme der Kinder, für Institutionsbetrieb, Erziehung usw. engagieren.

War die Aufgabe der Änderung der Kampfbeziehung vor der Einweisung in ein Heim schwierig, ist sie jetzt noch bedeutend komplizierter. In der Praxis ist der Änderungsprozeß nun so schwierig, daß er meist mißlingt. Die Ressourcen im Behandlungssystem sind im übrigen überhaupt nicht auf diese Aufgabe eingestellt. Und in den Fällen, von denen wir wissen, haben wir nur wenige seriöse Versuche in dieser Richtung gesehen.

Was am neuen Ort geschieht

Wenn das Kind von zu Hause fort ist, kommt es an einen neuen Ort (Heim oder Pflegefamilie). Diese neuen Umstände können auch nicht immer verhindern, daß sie zum Kampfplatz werden.

Die neuen Pflegeeltern oder das Personal des Heimes sowie eventuell das Personal der Kindertagesstätte und/oder Schule müssen häufig schon vor dem Eintreffen des Kindes besonders aufgeklärt und unterstützt werden, um einen Kampf zu vermeiden – wenn alles nicht mit einer erneuten Trennung enden soll.

Wo diese Arbeit mit den neuen Erwachsenen einfacher ist, weil sie mit ihren Gefühlen noch nicht so involviert sind, bestehen andererseits Probleme, weil die Erwartungen (nicht zuletzt fußend auf dem Bericht über das Kind) in der Richtung festgelegt sind, daß es sich um ein schwieriges Kind handelt. Es bestehen daher bestimmte Erwartungen, die zu Beginn unweigerlich auf die Einschätzung dieser Umgebung abfärben, was sie als Umgebung im Verhältnis zu «so einem Kind» wie auch in bezug auf die konkreten Handlungen des Kindes machen können, die im Lichte seiner Vergangenheit erlebt werden. Diese Hürden müssen in der Anfangsphase bearbeitet und überwunden werden.

Sie tauchen jedoch wieder auf, sobald das Kind zu einem späteren Zeitpunkt, z. B. in Verbindung mit einem Besuch daheim, den Kampf neu belebt. Bei einem nicht mehr zu Hause lebenden Kind wird immer in die Bewertung eingehen, daß es nicht in seiner ursprünglichen Umgebung verbleiben konnte. Die neuen Erwachsenen haben es leichter, sich von dem Kind zu lösen, oder sie können es aufgeben, mit ihm etwas zu tun zu haben. Wenn das Kind die Möglichkeit haben soll, eine Gefühlsbeziehung zu den neuen Erwachsenen aufzubauen, muß die Kampfsituation aufgehoben werden.

In geeigneter Familienpflege hat sich das in mehreren Fällen als möglich herausgestellt. Das gleiche gilt für die neuen Tagesinstitutionen, während es sich in Schulen und Heimen als bedeutend schwieriger erwiesen hat.

Ist es in der neuen Umgebung gelungen, die Kampfbeziehung aufzuheben, kommt es zu «Rückfällen» in Verbindung mit dem Kontakt zu den Eltern. Wie zuvor erwähnt, reagiert das Kind aggressiv auf Besuche daheim oder auf bloßen Kontakt mit den Eltern. Das Kampfzusammenspiel lebt wieder auf und wird unter Umständen in die neue Umgebung übertragen. In der Praxis hat sich gezeigt, daß die neue Umgebung außerordentlich belastet wird, wenn sie diese Kämpfe immer wieder neutralisieren soll, was bei qualifizierter Aufsicht zwischen einer Woche und einem Monat dauern kann. Bei wiederholten Besuchen daheim wird die Belastung so groß, daß man nicht selten länger mit dem Kind zu schaffen haben will. Wenn aus keinem anderen Grund, dann nimmt die neue Schule deshalb früher oder später Abstand von einer solchen Aufgabe. Diese Kinder wechseln deshalb außerordentlich häufig ihre Pflegeeltern, Kindergärten, Schulen usw.

Die Möglichkeiten, das Kind nach Hause zu geben

Die Kinder wieder nach Hause zu geben, ist unrealistisch, wenn nicht gleichzeitig die ursprüngliche Umgebung verändert wird. Oben wurde beschrieben, wie schwierig so etwas ist. Die Eltern, die teilweise den Wunsch hegen, sich bestätigen zu lassen, daß das «Kind unmöglich ist» und daß es ein richtiger Entschluß war, das Kind von zu Hause wegzugeben, wünschen sich auch, daß die Besuche daheim harmonisch verlaufen sollen. Diesen letzten Wunsch kann man als Ausgangspunkt für eine Zusammenarbeit nehmen und Änderungen bei diesen Besuchen verabreden.

Wenn die Änderungen Realität geworden sind, kann der Wunsch (und nicht nur ein Wunschtraum) sich äußern, das Kind in die Familie zurückkehren zu lassen. Wenn die Rückkehr in die Familie stattgefunden hat, wird nach den gleichen Prinzipien wie oben beschrieben weitergearbeitet. Es besteht jedoch inzwischen ein bedeutend größeres Mißtrauen zwischen den Partnern, da es ja schon einmal «schiefgegangen» ist.

Auch wenn der Änderungsprozeß gelingt, wäre dieser ohne die Trennungsschwierigkeiten bedeutend leichter gewesen. Nicht selten verhindern gerade sie das Gelingen.

Wenn es glücken sollte, das Kind wieder zu Hause einzugliedern, hat das Kind die Erfahrung gemacht, daß sein Verhalten Grund dafür sein kann, von zu Hause weggeschickt zu werden. Nach der Rückkehr wird es deshalb häufig versuchen, sich auf eine Weise zu verhalten, die nicht zu diesem Ergebnis führt. Vor dem Hintergrund der erfolgten Trennung ist es sehr schwer, eine selbstverständliche Sicherheit in die Beziehung einzuführen. Das Kind kann sich gezwungen sehen, sehr aufmerksam auf Gefahrensignale aus der Umgebung zu achten; es wird auf diese Weise immer abhängiger vom Stand der Beziehungen, vor allem wird es versuchen, in stärkerem Maße sein Verhalten auch gegen die eigenen Gefühle und Bedürfnisse auszurichten. Also eine Pseudoanpassung.

Außerdem haben das Kind und seine Eltern sich das Problem zugezogen, daß das Kind mit seinen Gefühlen an jenen Menschen hängt, bei denen es untergebracht gewesen ist. (Das Kind hat auf diese Weise z. B. zwei Orte, an denen es gern den Weihnachtsabend verbringen würde.) Diese Gefühle sind für die leiblichen Eltern schwer zu akzeptieren, wodurch das Kind in einen fortgesetzten Loyalitätskonflikt gerät und versuchen muß, diese Gefühle zu verbergen. Eine therapeutische Bearbeitung der internalisierten Erfahrungen des Kindes ist jetzt unumgänglich.

Wenn die Trennung trotz der Rücksichtnahme auf das Kind als unumgänglich angesehen wird, so ist nach unseren Erfahrungen eine Unterbringung in der näheren Umgebung vorzuziehen, da das Kind hier unter anderem die Kontakte zu seiner ursprünglichen Umwelt selbst steuern kann. Es scheint, daß das Kind hierdurch davon befreit werden kann, bei jedem Kontakt mit der Umgebung seiner leiblichen Eltern die Kampfbeziehung zu reaktivieren, womit man den Folgen entgeht, die dies hätte. Es könnte sich als notwendig erweisen, diese Möglichkeiten genauer zu untersuchen.

Vorstadien der Entfernung von zu Hause

Vor der eigentlichen Trennung erlebt man häufig einige Vorstadien, üblich sind die Hinzuziehung einer weiteren Erzieherin oder einer Sozialpädagogin, die dem Kind «dicht auf den Fersen bleiben» und die bisher angewandte Pädagogik der Kindertagesstätte intensivieren (anstatt zu versuchen, die Kampfbeziehung zu lösen). Das Kind wird von einem Zimmer ins nächste geschickt, oder es erfolgt die Ummeldung in einen anderen Kindergarten. In der Schule ist es die Umsetzung aus der Normalklasse in eine Beobachtungsklasse – eventuell in eine andere Schule, Heimunterricht oder der Aufenthalt in einer Beobachtungsgruppe. Wir konnten nicht feststellen, daß derartige Maßnahmen die Kampfbeziehung von selbst beseitigt hätten. Im Gegenteil, sie haben diese kompliziert und meist als Vorstadien zu den folgenden Maßnahmen gedient. Die Idee, daß die Mutter, die Erzieherin, der Lehrer oder das Kind Vorteile aus einer «erwünschten Pause» ziehen, ist häufig der erste Anlaß zu dem, was für das Kind das denkbar Schlimmste ist.

Ein Wort zum Schluß

Wir haben darzustellen versucht, daß Kampfbeziehungen im Zusammenhang stehen mit den Eltern und ihren Arbeits- wie Lebensbedingungen. Unsere Lebenswelt heute scheint auf eine Weise zu funktionieren, die menschliche Beziehungen, also auch Beziehungen zwischen Kindern und Erwachsenen, in den letzten zehn Jahren in steigendem Maße den Charakter von Kampfbeziehungen hat annehmen lassen.

Die Persönlichkeitsentwicklung des Kindes, d. h. die Art und Weise, wie die kommende Generation denken und handeln wird, ist bis zu einem gewissen Grad das Produkt solcher Erziehungsbedingungen.

Ist man über die Resultate beunruhigt, nützt es kaum etwas, die Eltern und die beruflich Erziehenden zusätzlich mit schlechtem Gewissen zu belasten – wodurch sie im übrigen noch leichter in eine Kampfbeziehung verstrickt werden würden.

Wenn es nicht als wünschenswert erachtet wird, daß die Persönlichkeitsentwicklung des Kindes die hier beschriebenen Formen annimmt, müssen die Lebensbedingungen geändert werden – nicht zuletzt die Aspekte, die mit den skizzierten Verletzlichkeiten der Erwachsenen zusammenhängen. Leider sieht es so aus, als bestehe darauf nur wenig Aussicht.

Setzt man von seiten der Gesellschaft auf kompensatorische Maßnahmen, muß man darauf eingestellt sein, unter anderem sowohl den Eltern als auch den professionell Erziehenden, die notwendige Hilfe zur Verfügung zu stellen, wenn sie auf Probleme stoßen, die das Resultat dieser Lebensbedingungen sind. Eine solche Hilfe muß sich in weit stärkerem Maße als bisher an Änderungen orientieren als an wissenschaftlicher Untersuchung und Einweisungen in Heime.

Außerdem müssen die Arbeitsbedingungen für die beruflichen «Berater» oder Psychologen, die diese Aufgabe lösen sollen, so beschaffen sein, daß die Forschung in die praktische Änderungsarbeit integriert werden kann. Es müssen ständig auf Änderungen zielende Strategien entwickelt werden, die der Problemproduktion in der Gesellschaft entgegenwirken können. In diesem Zusammenhang erscheint die Trennung zwischen psychologischer Praxis und Forschung besonders unglücklich. Schließlich spielen die Erzieherinnen in den Kindergärten eine zentrale Rolle, will man diese problematische Entwicklung aufhalten, ohne vorher eine Änderung der Lebensbedingungen einzuleiten – ihnen müßte deshalb die notwendige Unterstützung zuteil werden.

Es war uns natürlich nicht möglich, alle Aspekte einer so komplexen und komplizierten Problematik abschließend zu behandeln. Wir hoffen jedoch, das Problem so präsentiert zu haben, daß andere, die sich mit Kindern in Kampfbeziehungen beschäftigen, neue Möglichkeiten für ihr Eingreifen erkennen. Unsere Sichtweise des Problems haben wir bei unserem Umgang mit dem Problem als förderlich empfunden.

Es würde uns ebenfalls freuen, wenn dieses Buch dazu anregen könnte, die notwendige Forschung über diese belastende und zeittypische Beziehungsform aufzunehmen.

Ein letztes Wort noch: Fühlt man sich als Eltern oder Erzieherin in eine Kampfbeziehung zu einem seiner Kinder verstrickt, ist es wichtig, daß man Hilfe fordert, um diese Beziehung zu ändern, und daß man jeder «Behandlung» mit Skepsis begegnet, die lediglich beabsichtigt oder dazu führt, daß man (für kürzer oder länger) von seinem Kind getrennt wird.